本书献给"中国制造 2025"

智能的基础是信息的紧密互通并再创价值

柯力集团全景图

武汉大学柯力工业物联网高层论坛

中国衡器协会理事长刘晓华一行参观产业园

宁波物联网学院签约仪式

武汉大学柯力物联网产业研究中心揭牌仪式

宁波工业物联网特色产业园签约仪式

武汉大学经济与管理学院副院长潘敏一行参观考察物联网产业园

宁波工业物联网产业创新联盟筹备会

宁波工业物联网软件园签约仪式

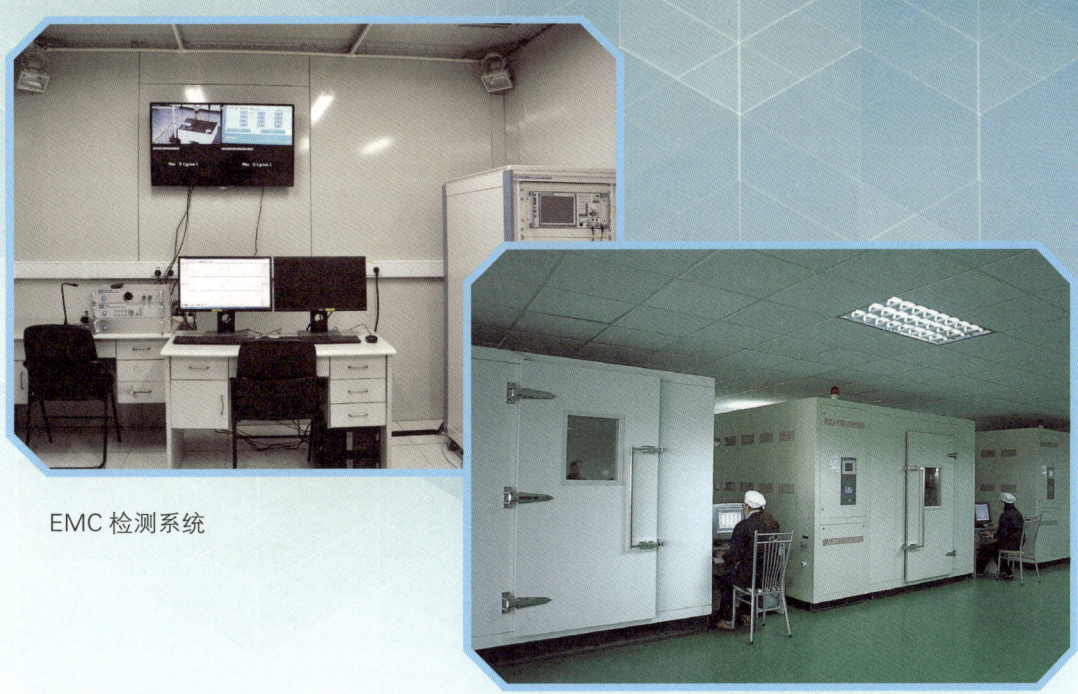

EMC 检测系统

自动温补系统

全自动机器人贴片系统

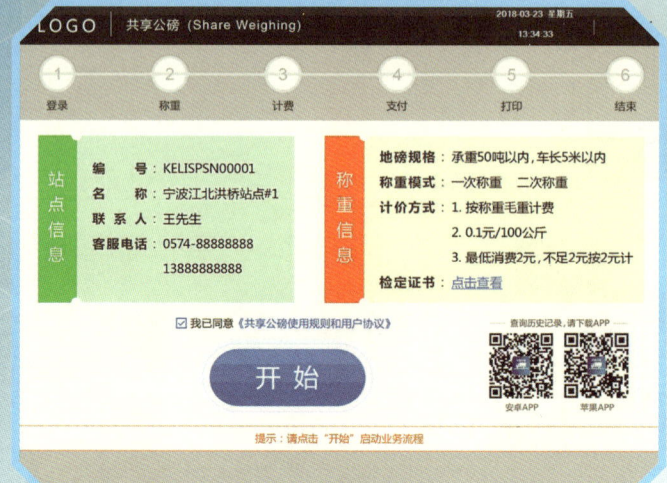

柯力共享公磅系统界面

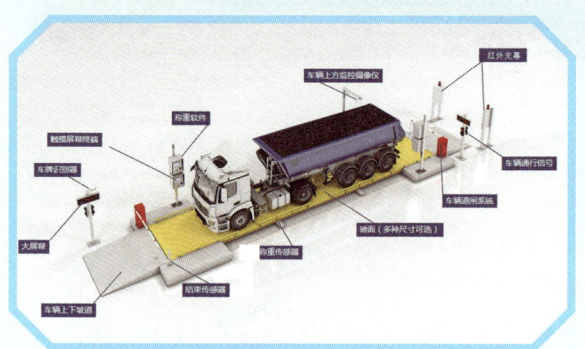

无人值守自助终端系统集成

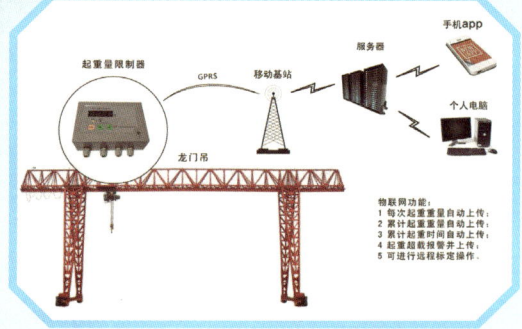

起重物联网系统集成

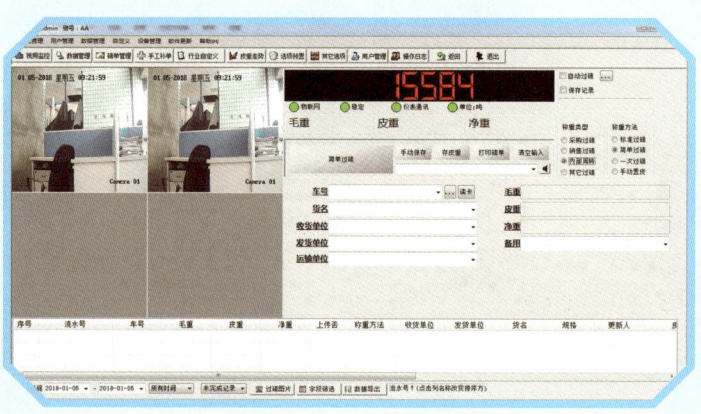

新版称重软件界面

INDUSTRIAL INTERNET OF THINGS REVOLUTION
THE THINKING AND PRACTICE OF ENTERPRISE STRATEGIC TRANSFORMATION

# 工业物联网革命

## 企业战略转型的思考与实践

柯建东◉著

宁波出版社
NINGBO PUBLISHING HOUSE

图书在版编目（CIP）数据

工业物联网革命：企业战略转型的思考与实践 / 柯建东著.
—宁波：宁波出版社，2018.6
ISBN 978-7-5526-3226-2

Ⅰ.①工… Ⅱ.①柯… Ⅲ.①互联网络—应用—工业企业管理②智能技术—应用—工业企业管理 Ⅳ.①F406-39

中国版本图书馆 CIP 数据核字（2018）第 105746 号

## 工业物联网革命：企业战略转型的思考与实践

柯建东　著

| | |
|---|---|
| **出版发行** | 宁波出版社<br>（宁波市甬江大道1号宁波书城8号楼6楼　315040）<br>http://www.nbcbs.com |
| **策划编辑** | 王晓君 |
| **责任编辑** | 杨　满 |
| **责任校对** | 虞姬颖 |
| **内文设计** | 金字斋 |
| **印　　刷** | 宁波白云印刷有限公司 |
| **开　　本** | 710 毫米 ×1000 毫米　1/16 |
| **印　　张** | 16 |
| **插　　页** | 0.5 印张 |
| **字　　数** | 200 千 |
| **版　　次** | 2018 年 6 月第 1 版 |
| **印　　次** | 2018 年 6 月第 1 次印刷 |
| **标准书号** | ISBN 978-7-5526-3226-2 |
| **定　　价** | 56.00 元 |

版权所有　翻印必究
本书若有印装问题影响阅读，请与承印厂联系调换，联系电话：0574-83875165

▶ 序 言 ▶ ▶ ▶

# 序 言

柯建东董事长是武汉大学经济与管理学院的优秀本科毕业生，从公务员下海到成为大型集团公司掌舵人，创业二十余载，成就卓然。受邀为他的第二本专著写序，本人深感荣幸。企业经营已然呕心沥血，还能在繁忙工作之余笔耕不辍，实属不易。

本书有别于柯董之前所著的第一本书——《管理的智慧》。第一本书凝结了他在企业经营管理实践中的经验与领悟，将所学理论知识与企业具体管理经验实践有机结合。本书则是柯力集团近几年在物联网战略转型升级路上的探索与总结，记载了柯董推进"建设国际一流物联网公司"的心路历程。该书着眼于工业物联网的发展趋势，对"未来"进行系统布局，从管理到营销，从产品开发到产业建设，从市场分析到物联网前瞻性趋势预判，属于典型的工业物联网产业跨界知识的整合之作。

柯力集团于2016年正式启动物联网战略转型升级，从物联网产品研发到市场推广全线铺开。柯力集团的物联网产品已实现数据随时、随地、准确、及时传输与设备故障预警等功能，并与战略合作伙伴搭建起一个覆盖全国的物联网运营网络。柯力集团的产业园建设经验对工业物联网的发展有重要启示。集团在2017年联合政府相关部门启动宁波工业物联网特色产业园建设。产业园采取垂直产业链＋平台链＋公共服务平台＋政府政策＋产业园区＋物联网小镇等多种资源叠加，运用第三方服务发挥产业链各类资源所长，联结战略联盟；通过多渠道合作方式如股权合作、产业订单和供应链协作等将各方资源汇聚在物联网园区内。产业园区建设一年，既为宁波市作为"中国制造2025"试点示范城市的战略落地提供了有力的工业物联网产业案例支持，又给正处于新时代转型期的相关企业提供了适合工业物联网发展的思路与方法。

本书也是衡器行业在新时代转型、变革路途上的行动指南，书中的实践建议和变革思路将有助于衡器企业的战略重构。从衡器行业起家的柯力集团勇敢地扛起了行业变革的先锋大旗，引领衡器行业掀起大数据时代的行业革命。书中写到"在'中国制造2025'背景下，站在第四次工业革命的风口，中国衡器行业正面临重大挑战。……柯力经历23年的发展，应当担当起为中国衡器行业发展探路的历史使命。"柯董明确指出传统衡器行业顺应时代潮流变革之必然，并分析了转型变革的几大商业模式和物联网产业生态圈进化路径，这对厘清衡器行业未来发展方向非常有益。

本书的另一价值在于柯力集团作为工业企业，以自身的物联网战略发展落地与建设经验为工业企业转型变革树立了典范。信息时代，物联网的普及是不可逆转的时代潮流，顺应物联网革命潮流是企业生存的必经之路。书中分析了物联网时代企业面对的挑战，结合柯力实例阐述了物联网战略落地要解决的核心问题，并为应对这些挑战提供了有价值的实践方法和思路。不仅如此，作者明确提出用共享、共创、共担的大格局思路实现跨界整合，强强联合，推进以物联网为基础的深度合作。书中还详细阐述了在物联网时代背景下的市场营销策略，指出物联网、大数据时代要创新商业模式，创新营销手段，增加客户粘性，创造新的收入模式，等等。

半个多世纪以来，一系列信息技术变革，特别是互联网技术掀起了全球发展数字经济的高潮。正如一位企业家所说："未来30年，互联网将和电力一样被普遍使用，数据会比石油更加重要。"作为一种新的经济形态，数字经济正成为经济增长的主要动力源泉,成为转型升级的重要驱动力,也是新一轮全球竞争的制高点之一。互联网的早期是人与静态信息的连接,最近是人与人的连接(Internet of People);而物联网则是在此基础上的继续革命,实现物与物的连接(Internet of Things)。通过给每一件设备嵌入可连接性和智能,物联网使得物理世界流动起来,也使它成为数字世界的重要参与者,将数字经济推向新的高度。物联网时代,新技术必定会重新塑造全球商业系统。比如,当区块链技术作为一种交易处理工具时,会极大地促进物联网设备之间的不同类型交易,为商业系统中的信任问题提供颠覆性解决方案;智能化设备也会为顾客创造新的功能价值和用户体验,推动企业对产品的关注从"生产"向"使用"转移;企业也需要从根本上反思他们传统价值创造与获取方式,创新其商业模式;等等。

应该说,我们正处在一个数字颠覆时期,物联网正推动着企业向数字转型,也极大地催生着企业对适合数据时代的管理人才需求。在这一方面,商学教育系统似乎有些滞后于实践界。欣喜的是,柯力集团资助的武汉大学柯力物联网产业研究中心于2018年4月17日正式揭牌成立。希望研究中心紧紧围绕物联网产业中的前沿性、热点性的经济与管理问题展开学术研究,提供高质量的学术研究成果和管理咨询报告;同时也希望研究中心在数字驱动管理人才培养上做出积极的探索,设计课程体系,创新课程内容,开发教学案例,推动商学教育变革。

武汉大学经济与管理学院院长 宋敏

2018年5月

# 目  录

## PART 1
## 面向未来 —— 走进物联网新时代

| | |
|---|---|
| 物联网对称重产业的深远影响 | 003 |
| 拥抱物联网：传统工业企业转型新机遇 | 007 |
| 裂变与聚合：物联网产业生态圈进化路径 | 011 |
| 行业物联网生态建设中的柯力选择 | 015 |
| "共创、共担、共享"：柯力与物联网的"未来之约" | 019 |
| 物联网对称重计量行业及监管体系的影响和挑战 | 025 |
| 中国衡器行业转型路上的"柯力"担当 | 030 |

## PART 2
## 布局未来 —— 物联网时代的战略选择与生态建设

| | |
|---|---|
| 物联网战略变革方向：重构商业要素 | 039 |

| | |
|---|---|
| 顺应物联革命潮流，占领行业战略高地 | 044 |
| 物联网战略的核心问题 | 049 |
| 物联网战略怎样落地？ | 056 |
| 物联网技术服务公司建设与发展方略 | 063 |
| 物联网子公司发展战略 | 067 |
| 服务创造价值：物联网服务体系建设新理念 | 072 |
| 非衡物联网的发展方向 | 079 |
| 衡器物联网大数据应用的原则与策略 | 084 |
| 不停车检测系统物联网发展思路 | 089 |

## PART 3

### 征战未来 —— 物联网时代的营销策略与商业模式

| | |
|---|---|
| 物联网环境下的市场营销策略 | 095 |
| 做大格局：物联网销售策略的进化之道 | 098 |
| 物联网业务团队的主攻任务与战术选择 | 103 |
| 物联网市场营销中几个核心问题 | 107 |
| 超越需求：与客户建立"终生伴侣"关系 | 111 |
| 物联网市场营销实操方法 | 116 |
| 物联网销售的核心命题：如何赢得订单？ | 120 |
| 物联网服务费收入模式 | 125 |
| 创新商业模式，打造客户价值 | 130 |
| 物联网场景中的共享设备新模式 | 134 |

称重物联网的深度推进策略　　139

## PART 4

## 制胜未来 —— 物联网时代的管理转型与组织重塑

物联网革命：从心智模式开始……　　149
物联网组织内部体系的管理变革　　154
物联网战略下内部创业体系建设　　159
物联网合作伙伴开局阶段的行动纲领　　163
聚焦物联网战略目标，加快业务团队转型　　170
物联网产品的销售管理　　177
跨界融合：走向中国衡器工业 4.0 版　　182
工业物联网事业部发展的几项重点工作梳理　　186

## PART 5

## 共享未来 —— 物联网园区建设新思路与发展策略

工业物联网产业园区发展现状综述　　193
宁波工业物联网产业园区发展战略　　197
工业物联网产业园区前期进展与近期规划　　202
工业物联网园区建设的战略意义　　207

打造共享生态圈：时代的使命与我们的任务　　214
产业园区建设的四个发力方向　　218
优化园区生态，释放平台潜力　　222
针对工业物联网产业支持政策提出的建议　　229
以宁波工业物联网产业园区为例，对工业物联网产业支持政策的再建议　　235

**后记　柯力的工业物联网战略思想　　240**

# PART ①
## 面向未来
### 走进物联网新时代

# 物联网对称重产业的深远影响

从机械化到电气化再到自动化,工业革命走过了3.0版本,同时也推动了制造业第三轮的升级换代。伴随着物联网时代的到来,以智能化为特征的工业革命4.0时代即将开启,人类也将迎来又一轮的产业升级。

在物联网浪潮中,称重产业何去何从,如何实现从自动化到智能化的历史跨越,这是时代给我们提出的新课题,我们不仅要为企业自身,也要为中国乃至世界称重产业寻找答案。

中国衡器协会称重物联网宁波培训基地揭牌仪式

目前，称重物联网正加速步入"跨界融合、集成创新和规模化发展"的新阶段，市场规模增速喜人，由此带来了前所未有的机遇，同时也面临着四大新挑战。

一、称重物联网背后各方利益博弈造成的矛盾和冲突

物联网的发展使称重元器件和整机厂之间的战略定位开始变得模糊，其原因在于，物联网产品的推广必然涉及终端客户、设备制造厂商、服务商与元器件厂家之间的利益格局再分配。即使是平台式产品销售，也涉及服务器管理与服务、信息隐私与产品安全技术范围扩大等问题。解决问题的终极方案是使元器件深深融入整机产品的灵魂中，这就要求元器件企业与整机企业间加强深度与广度合作，开展全方位的项目合作、服务合作，甚至是股权合作。这也意味着元器件企业与整机厂的壁垒将逐渐被打破，行业界限日渐模糊，行业整合将掀开新的一页。

其次，不管商业模式是年费制或是一次性收费制，元器件企业、设备厂商、服务商都将从终端客户中，按新的产品分工与二次开发持续分得长期利益。不可避免地，设备厂商的出路要么转为独立的物联网企业，要么与服务商、元器件企业结成战略联盟。单一制造企业将逐步退出市场，市场将被不同物联网体系的企业重新分割，而不是按照现有元器件、整机、经销商形态存在。企业竞争格局将演变为不同区域内仅有少量物联网体系企业分布，企业生存之道是为终端客户带来最高性价比的产品及服务。

最后，行业格局将走向扁平化。称重行业中大部分企业都将直接负责终端客户，元器件企业、整机制造企业、服务企业同时面向终端市场。称重行业企业将按市场要求特点来细分，而不再以产品特点来划分。

在称重产业由传统商业模式向物联网商业模式转型的过程中，元器件企业、设备厂商、服务商等相关企业之间会出现利益博弈，如浅层次的"蛋糕"分割，深层次的标准与话语权之争、主导权之争都不可避免，我们要冷静

面对,并寻求妥善的解决之道。

二、称重物联网将加速推进称重产业从制造为主向服务为主转型

众所周知,常规衡器产品需求量已维持在一定量,而常规产品产量近几年虽然是以 5% ~ 10% 的速度逐年减少,但市场上原有产品存量仍在持续增长,这就造成了服务需求将逐步超越产品需求的态势。物联网产品将带来设备故障监管、产品生命周期跟踪、设备年限与选型分析、服务快速启动及服务管理信息化建设等全新服务需求。为了响应新的服务需求,称重装备将从被动物化进化到主动智能化,而称重数据将从单一固定显示进化为移动即时响应,这就预示着设备使用与服务全面人性化时代的来临。

制造企业要从日益激烈的市场竞争中、越来越薄的生产利润率中摆脱出来,就必须向具有广阔市场前景的服务业发展,通过终端市场服务,真正把握客户需求,提升设备制造水平和现场服务专业化能力,集中企业上下游产业链所有资源为终端市场服务,打造区域性乃至全国性的行业龙头地位。

三、物联网给质量部门的市场监管带来了新任务、新压力

物联网为质量部门的市场监管提供了新的技术手段,同时也带来了新任务、新压力。

一方面,物联网产品的出现,要求行业标准与时俱进。在称重行业,传感器、仪表的行业标准的滞后已成为称重产品物联网化的一个制约因素,同时也给质量监管部门提出了待解的难题。例如,原来的标准及法规并没有考虑物联网所提出的"远程服务、无线通信、设备监管"等新课题,也没有考虑元器件企业、整机企业、现场服务商三者融合发展业态下新的质量监管方法。在其他行业走向物联网的探索之路时,因标准滞后和法规缺失带来的诸如智能家电"智商不足"等问题,对我们称重行业来说,是很好的警示。

另一方面,物联网产品防作弊等设备故障的预防功能,也为质量监管部

门提供了新的监管手段，同时对产品强制周期检定提供了可行性技术，也对催生第三方检测服务企业提供了新的空间。但是，如何使新的监管手段发挥作用，如何开发市场新空间，仍是有待探索的新课题。

面对市场监管方面的新挑战，"政策先行，企业担当"是良方。政府与企业应共同协力，加快行业技术标准及检定规程的研究与建设进程，改变因技术变革导致标准滞后、法规缺失的状况。

四、物联网加速称重行业洗牌

由于宏观经济减速带来的制造业萧条，称重行业价值链上的每个企业被迫寻找新的出路。元器件企业如果在物联网感知层及网络层取得突破，便会直面终端应用层，从而获得一个构建物联网企业的机会；而整机制造厂商既要面临同类企业的竞争，又要面临服务经销商和元器集成商的挑战，最终被逐步分化为独立物联网或市场物联网细分企业，或与服务商和元器件集成商组成企业战略同盟。这是因为，物联网技术的出现，使单一制造型企业沦为整个物联网产品链中的一环而不再拥有独立的产品体系。物联网市场对供给者提出了除制造精良产品外，还应该具有服务化、信息化、管理精细化、产品一体融合化的发展要求，迫使制造型企业走向分化，现有企业数量减少，企业产业链延长。

无论是行业新军还是行业大牛，在伴随物联网时代而来的行业洗牌中都将面临冲击，但也面对快速崛起的新机遇。行业大洗牌将促使中国称重产业健康、有序、规范地发展。这有利于行业企业进一步提升国内与国际市场竞争力，而这正是我们希望拥抱的未来！

\* \* \*

# 拥抱物联网：传统工业企业转型新机遇

以智能制造为主导的工业 4.0 时代正在悄然来临，而为智能化提供技术支撑的数字化走在了时代前列。今天，数字经济席卷全球，已成为国家、省、市经济工作最核心的内容之一，而工业物联网正在引领整个制造业的"数字化运动"，它是智能制造的神经中枢，也是数字经济的灵魂所在，在面向"中国制造 2025"的企业转型升级中发挥着核心支持作用。物联网与传统企业融合创新产生的化学反应和放大效应，不断促进研发设计、生产制造和营销服务模式的变革，帮助传统制造企业向智能化的生产和经营管理迈进，并衍生出新的价值体系。

具体而言，工业物联网对传统制造企业实现转型升级、成功走进工业 4.0 时代，能发挥如下重大作用：

一、优化工业生产过程

工业物联网能够有效采集和汇总设备运行数据、工艺参数、质量检测数据、物料配送数据和进度管理数据等来自生产现场的数据。通过数据分析和反馈，在制造工艺、生产流程、质量管理、设备维护和能源管理等具体场景中优化应用。

在制造工艺应用中，工业物联网可对工艺参数、设备运行等数据进行分析，找出生产过程中的最优工艺参数，并对设备运行、人员操作、工艺流程提出优化方案,以取得最优工艺参数,从而提升制造品质。

在生产流程应用中,工业物联网可提升排序、进度、物料、人员等方面管理的准确性,实现生产设备自动分配。

在质量管理应用中,工业物联网可实现在线质量监测和异常分析,降低产品不良率。

在设备维护应用上,工业物联网结合设备历史数据与实时运行数据,构建数字孪生体,及时监控设备运行状态,实现设备预测性维护。

在能耗管理应用上,基于现场能耗数据的采集与分析,对设备、产线、能耗进行合理规划,提高能源使用率,实现绿色制造的环保目标。

智能制造生产线

二、优化企业经营的管理决策

在供应链管理中,工业物联网可根据现场物料消耗进行实时订单下达和寄售仓库配货,实现库存最优化和仓储自动化,有效降低库存成本和减少滞销产品。

在生产管理一体化应用上,工业物联网协同制造执行系统(MES)进行信息物理系统(CPS)的实际数据采集和应用,实现业务需求端管理与生产过程执行的系统集成,从而有效配置资源。

在企业决策管理中,通过对企业内部数据的全面感知和综合分析,进行企业数据链决策,根据市场需求变化和内部资源情况,随时进行动态调整。

在企业信息化管理决策中,工业物联网可完整实现制造自动化和信息化的两化融合,从客户关系管理(CRM)到MES端,再到CPS和企业资源计划(ERP)端,直通供应链管理(SCM)和产品生命周期管理(PLM)端,形成完美的企业管理信息化决策体系。工业物联网可极大提升现有企业信息管理系统的正确性和实时性,为企业管理信息化发展奠定新的基础。

三、优化社会化生产的资源配置

工业物联网可根据企业内外部需求,创新利用资源,实现生产能力全面对接,推动设计、制造、供给和服务环节同步组织和协同优化。

在协同制造场景中,根据工业物联网设备实时运营和故障分析情况,倒推产品优化设计方案,使产品更适应市场应用的需求。

在制造能力交易应用上,根据工业物联网采集的数据,统计空闲产能、制造能力冗余,进行在线租用和租赁产能再分配,实现社会化资源的最大有效释放。

在个性化制造中,根据工业物联网对现场应用采集的数据,分析用户需求,为用户提供个性化场景应用设备方案,提升产品价值,增强用户黏性。

在产能结合应用上,通过对工业数据汇集分析,为金融行业提供评估支持,为信贷、投资、保险、风险评估等金融业务提供量化依据。

四、优化产品全生命周期管理

在产品全生命周期研究中,由于有了工业物联网这一纽带,产品的实际应用决策、设备运行周期、元器件疲劳与老化、材料结构及材质分析等方面全生命周期的研究得以开展,通过大数据采集、筛选、建模、分析得到的产品生命周期的完整数据,为产品质量和设计提供了保证。

在产品设备有了生命周期的研究数据后,可以根据实时运营的数据,提前进行检修和预测性维护,确保设备维持在健康和有效运行的良好状态。

在产品设计优化反馈中,分析生命周期研究和设备交付后的实际使用数据,可以为优化产品提供依据,使产品优化设计过程更具物联网特性,从而更快、更多、更优地开发迭代产品。

在制造业变革与数字经济发展的历史性变化中,工业物联网将重塑制造业数字化基础。我们将根据不同行业、不同装备、不同市场的需求,设计、应用工业物联网行业性、场景性的方案,在实现工业物联网实际应用价值的同时,引领传统制造业不断变革,走向智能制造的道路,从而完成时代赋予我们"物联网"人的伟大历史使命。

\* \* \*

# 裂变与聚合:物联网产业生态圈进化路径

在宏观经济进入新常态的背景下,中国称重行业的所有企业都在寻求出路,而寻找的结果是,企业命运发生两极分化,有的成功转型,有的黯然落幕,其出路主要分为以下九类:

(1)企业关闭;

(2)企业转行;

(3)本行停产,转为工业地产出租;

(4)停止生产,转为经销商或服务商;

(5)转为专业制造厂商,停止销售或服务;

(6)成为细分市场的专业公司;

(7)一定区域的物联网称重厂商;

(8)集团化较大规模的物联网公司;

(9)与类似柯力等集团公司合作,成为战略合作伙伴。

上述九种出路勾画了企业今后发展的方向。企业命运的跌宕,是由宏观经济、行业发展瓶颈、企业内在发展需求、行业技术积累过程所决定的,不以人的意志为转移。

而物联网催生了新的生态环境,为企业转型提供了新路径,为共建产业生态圈提供了契机：一方面，物联网产品本质上不仅仅是产品或技术平台，而且还促进了称重产品智能化，催生制造服务业，建立称重和设备的大数据库，构建了用户及制造厂商信息平台，把产品深度、广度、长度、厚度快速提升到一个崭新的层次；另一方面，物联网使得传统传感器、仪表公司很难单独在产品链末端站稳，传统传感器、仪表公司必须与制造厂商、经销商一起共同面向终端市场，各方利益格局及生态圈发生质的变化。这既是物联网技术突破的结果，也符合人性化、智能化、信息化历史潮流的需要。

在新常态下，物联网的应运而生，对于企业来讲，是个挑战，更是个机遇，企业不是在竞争中灭亡便是在竞争中重生。只有紧紧追随物联网引发的产业革命，抬头仰望战略，低头低调做事，坚定脚步、用心规划、心随精英、口随大众，把竞争关系变为竞合关系，在合作中寻找新的产业革命出路，才能达到共赢的结果。

在物联网革命的大趋势下，柯力作为称重行业的大公司，既要急流勇进，又要稳健发展，在共建行业生态圈的过程中，必须注意以下问题：

## 一、理性设定合作伙伴的接纳条件

在柯力搭建的物联网生态体系中，对合作伙伴的接纳，重点关注以下六个方面：

（1）共同的物联网观念；

（2）对柯力发展思路的认可；

（3）有一定的业务开拓及服务管理能力；

（4）有一定规模存量产品；

（5）能够保密及遵守协议；

（6）把企业经营作为事业平台，有心有肚量，能容忍后续合作伙伴的加入，不管是同行还是经销商、第三方，都可以为了发展而被纳入。

二、循序渐进，谨慎推进利益格局的逻辑重组

柯力一直处于行业上游的供应链端。从传统的视角看，柯力处于产业链的末端，但是物联网战略改变了产业链，迫使柯力面对终端市场，由此形成新的生态圈。产业组织创新的核心是行业集体行为的逻辑重组，尤其是利益格局的变革，是触动每一个圈内成员的最核心问题。面对重组，我们需要慎之又慎，尽可能推进行业资源优化重组，使之发挥作用！当然，重组过程中也须淘汰落后低效产能！因此，柯力遵循先理念后行动，先平台后项目，再到新公司，最后股权合作的发展方向，形成行业客户逐步领悟、逐步理解、逐步投入、逐步合作的过程。

三、精心布局，重点突破，预防到位

战略布局必须全面且坚定不移，执行过程中须考虑区域内资源分布情况、合作伙伴选择过程、合作方式与方法选择、柯力自身资源配置、市场需求对物联网产品认知过程等。整个布局必须围绕物联网战略为中心，根据市场半径来设点，根据区域内合作伙伴性质和意愿确定股东组成结构，根据合作伙伴运营情况决定投资方式，根据合作伙伴治理结构和财务情况决定评估方式。在合作启动后，重点抓好人员整合、中高端产品及自动化控制产品线丰富、市场定位与产品定价、营销渠道建设、生产资源整合、组织框架与制度建设、物联网产品营销策略及售后服务团队打造等方面的工作，从而逐步推进公司物联网战略和行业变革！

四、尊重客户的选择，正确处理好与现有客户的关系

物联网革命必然伴随着客户的关系重构，如何与现有客户共同应对企业生态环境的变化、共建产业新生态圈？我们需要从以下几个方面着手。

一是做好客户"教育"工作,引导客户树立登高望远、舍小利逐长远的思想观念,带领客户向物联网智能制造方向发展,采取多种方式深入物联网发展体系中,以便在未来发展中占得先机。

二是在合适的时机,通过合适的方法进行适度改革推进。

三是尊重客户的选择,要耐心且有针对性地引导,同时要均衡其他各方面的工作,合作的重点在资源优化配置、技术创新和渠道建设、向服务业和销售增值点转化方面。

四是尽力帮助和引导客户定位,以合作为基调,以行业变革及转型升级为主线,引领整个称重产业的发展再上一层楼。

物联网战略牵动着柯力的巨大变化,是柯力发展的真正战略导向。如何变行业资源为柯力资源,变柯力战略为行业方向,是公司面临的最为核心的挑战和机遇。

\* \* \*

# 行业物联网生态建设中的柯力选择

随着柯力物联网战略的推进,发生变化的不仅仅是柯力企业本身,还有柯力所处的整个行业。这是一场行业性革命,正以前所未有的姿态,呼啸而至。

柯力的物联网战略之所以能取代传感器、仪表元件产品战略,原因不仅是宏观经济下的需求选择,而且是微观经济下的空间选择,竞争中的博弈选择,以及源于柯力自身IPO(首次公开募股)的需要。同时,这也符合工业革命4.0背景下的"中国制造2025"的大趋势,所以走向物联网战略是柯力的必然选择。

目前称重行业正处于转型的阵痛期,行业生态亟需焕发生机。无论是目前的价格竞争、服务乱象,还是行业门槛,都迫使企业另寻出路。一条看似简单易行的出路是成为平台公司,如传统的传感器、仪表销售公司。但实际上,平台定位很难使传统工业型产品企业继续保持元件销售公司定位,原因在于:一是与终端市场脱节,所开发的产品会远离终端,且不符合物联网时代产品快速迭代的要求;二是仅为平台式公司,在工业品细分市场中不足以维持量的增长,而且从竞争角度看,平台公司本身就与制造商、服务商存在新的竞争,而大部分整机制造商或服务商也会开设自己的产品平台,因而最终导致此类公司继续沦为元件销售公司;三是仅仅做平台式产品销售,在实际销售过程中很难拥有主动权,而且受制于设备制造商或服务商。当运营到一定时限时,合作伙伴也会提出共享资源;四是仅仅做平台式产品销售,无法改变行业恶性的无序竞争,转型升级依然路途漫长且难见希望。

物联网的横空出世,恰好为行业转型升级提供了契机。这一契机不仅是延长产品链,更多的是改变行业生态环境。每个企业都需要重新定位并进行新生态系统的接入。例如,专门从事制造、服务销售的企业,在细分市场中(不论有无物联网),可与大公司(如大制造商、服务商、元件集成商)结合成为战略合作伙伴,或成为大物联网公司旗帜下省级或区域性代理经销服务商,或成为独立物联网公司等。而想要继续维持现状的制造商或服务商,将不得不面临更大的挑战!

柯力在此背景下推进物联网战略,做好充分准备,并在实践中遵循以下思路:

一是在一个区域内有合适的优秀合作伙伴时,则建立物联网技术服务公司,采用控股子公司下的独立运营模式,在提供资金、技术、服务、商业模式的前提下,要求子公司尽快推进市场需求挖掘工作,全面启动物联网,执行新品

在2017中国国际传感器技术与应用展览会(联盟年会)上发言

标配、旧设备改造或升级方案，收取一定的数据服务费或全服务年费、第三方检测或校准费、计量产品深度服务费等，同时要求以用户数量、用户体验满意度为合作前提及工作核心，把物联网产品市场占有率作为工作第一要素。

二是区域内有2～3个合适的优秀合作伙伴时，建议联合合作伙伴组建物联网技术服务公司。这种合作形式与第一种情况的合作形式相似，需要特别注意的是，两个合作伙伴如何分工？如何在1～3年内，在出现业绩分化的情况下进行后续市场的操作及合资公司股权的操作，最终为公司后续发展可能出现的问题提前做好规划？

当然，上述两种情况的合作伙伴，如果后来同为潜在合作伙伴，则需同时规划，共同寻求发展，并共治共享合作成果。

三是区域内暂无特别优秀且意向强烈的合作伙伴时，可先从平台式服务着手，紧抓需求沟通，提供巡回服务，促进合作伙伴起量；同时寻求有意向的合作伙伴，建设推广渠道和提升服务水准，运营半年至一年后再考虑后续的合作。在此情况下，公司需要在战略上做出随机应变的规划。

四是区域内暂无响应的合作伙伴时，柯力的主要策略是自建自营生态系统，通过吸纳质监系统、小型制造商（以地级市为代理）、服务经销商，以及组建或拆分自身业务部门等方式，多管齐下开展渠道建设工作；同时运用小区域内独家代理、计量系统合作、自营部门进入终端业务等方法，逐步在2～3年内渗透市场。总的来说，就是边开发市场边寻求合作，步步推进，等待机会。

五是着眼未来发展，寻求多渠道跨行业合作，包括与制造厂商全面合作。除了汽车衡外，后续将链接更多的工业物联网产品。在多渠道跨行业合作中，市场策略必须立足于终端市场需求，促进新的合作伙伴及现有客户转变理念、转变销售及管理手法，提升挖掘终端客户需求水准，提升客户满意度，最终建立基于大数据应用的资源共享型新商业模式。

总体上说，行业生态建设是复杂而残酷的，本质上是市场这一无形的手在整合着行业,优胜劣汰,适者生存。在以物联网技术发展为背景下的行业生态建设中,每个企业在或宏观或微观层面的综合站位、定位、卡位、撤位、换位,都将影响行业生态圈的建设。

对于柯力来说,需要综合考虑在行业生态建设中,我们能发挥什么样的作用,发挥多大的作用。需要特别指明的是,柯力发挥作用的大小取决于时机把握和资源整合能力,这除了需要依靠智慧和执行力外,关键在于速度!在物联网时代,上帝在为每个企业关上一扇门的同时也打开了一扇窗,未来将充满更多可能,我们将全身心投入行业生态建设,开启属于柯力的物联网时代。

\* \* \*

# "共创、共担、共享":柯力与物联网的"未来之约"

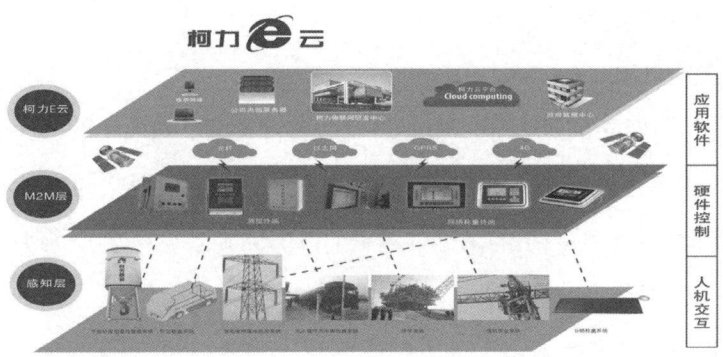

柯力物联网

柯力称重物联网不是一款产品,不是仪表的延伸,而是自我否定与革新的成果。柯力开发称重物联网不仅仅是为了柯力,也是为了助力中国衡器产业的共同发展,为了实现这个宏大的目标,柯力愿全力以赴。

我们正在走向物联网的道路上,这是一条充满机遇与挑战的道路。在这条道路上,柯力将怎样诠释自己的愿景、理念与策略呢?

一、未来之路

称重物联网之路是面向未来的道路,是一条一往无前不能回头的"不归之路"。物联网的发展已是大势所趋，是不可逆转的时代风口。时间将会证明，未来 5 年之内，中国汽车衡 30%～50% 一定会接入称重物联网。

称重物联网在大的趋势下，改革战略上要大张旗鼓，战术上要"润物细无声"。要不要做、为什么做的讨论早该结束了，现在需要考虑的是怎么做、怎么做好的问题。市场是通过摸爬滚打开拓出来的，如何推广称重物联网最需要的是卓有成效的行动。当然，相互的学习交流、分享经验也必不可少。

目前，我们正在做大量的面向未来的工作，低功耗，无线动态，多物理传感器产品、大数据分析、智慧工业物流物联网、公磅一体机等物联网时代的先进技术开发。但这只是开始，未来将有更多的物联网产品在我们手中产生。

二、合作之路

称重物联网走的是合作之路。这条合作之路，不是简单的买卖关系，而是同乘一条船一起扬帆远征的战略同盟关系。为了取得共同的胜利，需要破釜沉舟的决心、手挽手的团结。若心存杂念，在大船之侧安放小船，那么大船迟早要翻掉。

目前，柯力在全国建立了 6 家物联网技术服务公司，未来还要建设 3～5 家，另有山东、浙江等省市的总代理，以及大连锐马柯公司下的石家庄、北京、包头、兰州、武汉总代理。在汽车衡产品方面，预计到 2018 年底，累计出货数将达到 80000 台。届时，中国大约 10% 汽车衡已配上物联网智能产品。

我们正在全力以赴、义无反顾地推进以物联网为基础的企业合作。所有在物联网上与柯力的合作，不仅仅是产品上的合作，更是战略上的合作。对那些还彷徨在转型路上的企业来说，拥抱物联网是不二选择，没什么可犹豫的，犹豫的结果就是被淘汰。我们可以大胆预言：今天没有与柯力合作，将来会面临无法接受的市场压力。

柯力为合作伙伴提供以下资源：

（1）产品定制、资金、软件及软件人才、服务器支持、业务流程规范、市场冲突协调、市场协同、售后、技术服务等资源，当我们和业务伙伴走在一起后，将会产生无穷无尽的资源组合，从而产生整体实力倍增效应。

（2）在工业衡器相关杂志上投放宣传广告，在高速公路路牌上投放广告，在技术监督局相关杂志、行业协会、政府部门等方面加强宣传力度。

（3）我们公司10个业务员或业务经理加10个项目部经理和10家子公司之间，以"1+1+1"模式，全力支持子公司进一步开展物联网业务。同时业务员帮助做三件事：A.说服一部分中小型衡器厂成为合作伙伴的经销商；B.原来一部分经销商尽量变成合作伙伴的经销商；C.国内业务员可推荐并说服一些当地有能力、能够合作的伙伴作为新公司的股东或者作为一级代理商下面的二级代理商。

（4）我们构建了物联网的微信群，建立了子公司与柯力之间的总结和反馈机制，无条件服务于合作伙伴的培训需求，服务管理软件免费赠送，提供专业的衡器设计和工艺人员支持，以及分享精细化管理。

柯力公司的合作宗旨很明确：与合作伙伴共创、共建、共担、共享。同时，我们也对合作伙伴提出了如下转型要求：

（1）常规衡器标配物联网，价格差异化，控制成本，迅速起量。

（2）柯力给予合作伙伴生产场地、设备资金的支持，提高生产效率与能力，配备检衡车以提升服务质量。

（3）加强培训，培养服务团队。

（4）增加出口销售和招投标的部门。

（5）迅速扩大业务队伍，执行在没有经销区域的直销工作。

（6）柯力业务员或派驻人员，协助合作伙伴进行三个方面的转型升级产品个性化定制化，从制造走向服务业，建立创新体系。

我们的合作伙伴选择了物联网，选择了与柯力合作，也就选择了一条共同发展之路。从今以后，我们将携手前进，一起走向新的起点、新的高度。同时，我们以及我们的合作伙伴，都需要发生脱胎换骨的变化，如果继续抱持老思维、老路子，迟早是要被淘汰的。真正的革命是"自我革命"，只有自我否定、自我转变、自我迭代，才能实现自我进化，才能真正融入物联网新时代。

三、用户之路

物联网是互联网的延伸，归根结底它是一个科技含量更高、信息更密集的网络，是一条比互联网更便捷的路，我们走在这条"路"上，目的是什么？答案是，满足用户需求。任何时候，我们都不能忘记这一创办企业的根本目的。在利用物联网服务用户方面，我们有如下战略思考：

用户关系方面：如何将用户变成我们的"战略同盟者"？第一，我们必须了解谁是我们的物联网用户。物联网产品的销售是从产品购买后才开始的，真正的物联网用户连续不断地产生产品与服务需求；第二，我们必须满足用户的沟通需求，通过建立沟通平台，随时随地进行信息交互反馈，包括设备运行、故障、服务和增值等内容；第三，深度挖掘用户需求，物联网产品的战略核心是自我否定，过去越是成功，迭代的阻力越大；越是过多关注赢利，创新越会受到阻碍，所以我们必须到终端市场挖掘、发现和创造需求。只有把握需求才能着眼未来，只有创新才能赢得竞争制高点；第四，进行基于用户的战略变革，而变革的核心是让用户更便利地享用我们的产品与服务。物联网是产业的整合，是中国衡器行业发展的方向，我们必须怀揣理想和责任，超越眼前的物质利益向前冲。

商业模式方面：我们的核心产品和服务是什么？公司转型初期打造的物联网产品不宜过多，需深入挖掘有价值的信息，旨在关注、引导、总结和对接尚未实现的功能，满足大部分用户的要求，打造2~3款经典产品，实现产品的迭代开发。

渠道建设方面：我们如何实现渠道下沉？第一，通过省、市、县三级渠道下沉，同时利用直销、经销、计量系统、第三方销量有价值的渠道下沉；第二，新设备标配、老设备改造找大客户，但不放弃中低端市场，找质量监督系统合作改造但不放弃经销体系；第三，打造年轻的物联网销售团队，尤其要注意队伍的年轻化，要寄希望于"80后、90后"员工，并配以激励政策，包括股权、期权、项目跟投等，总经理也要深入一线，抓痛点、痒点、爆发点。

## 四、创新之路

自我否定是创新的第一步。柯力的物联网创新也从自我否定开始，我们的理念、经营方法都要变，而且正在发生改变。这表现在以下几方面：

首先是领导观念的更新。领导力也是驱动力，任何事物的改革都是从领导者开始的，领导者的转变是从观念的转变开始的。在国家步入新时代、物联网大潮汹涌而来的大环境下，柯力的管理层要登高望远、看清形势，要有敢于担当、不辱使命的勇气，要有砥砺奋进、攻坚克难的决心，最重要的是，要永葆创新精神！

其次是体制改革。第一，柯力将设立物联网产业基金，战略合作伙伴可以作为股东参与；第二，柯力创建项目经理合伙人制，以物联网产品销售或利润作为考核指标；第三，建议子公司总代理下的业务经理参与一定的股份，或把子公司下的销售经理作为合作伙伴或合伙执行人，同时考核物联网销售数量、利润及客户满意度，以此更有效地关注和利用人力资本，把人力资本作为股本的一部分来对待。

再次是资本运营和技术开发方面的创新。第一，衡器物联网只是柯力物联网战略中的第一步，后续发展方向是工业物联网，包括自动化称重、包装、配料、检重、分选、小地磅、物流等；第二，柯力与其他公司合作的项目资源将与物联网合作伙伴共享；第三，公司把物联网产品作为平台，与其他产业结合为合作伙伴,提供有广度、有深度的信息与技术支持;第四,对于物联网下完成任务的合作人或以数量或以利润增股,给予更深层次合作体系、框架体系、资产溢价、股份激励和期权激励等。

最后,我想对我们所有的合作伙伴说:我们走在一起不容易,既然携手走上了物联网之路,就要勇往直前不回头!有付出才有得到,但完成使命、实现理想才是最大的回报。向物联网进军,是中国衡器行业赋予我们的使命,是时代赋予我们的使命,我们必须超越利益和物质,牢记理想和责任,坚强如钢,坚定不移地往前走,在岁月的长河中,留下我们乘风破浪的奋斗者故事,共同铸就无怨无悔的人生!

2017年10月柯力物联网第七次研讨会后柯力与合作伙伴商讨来年物联网发展和市场推广计划

\* \* \*

# 物联网对称重计量行业及监管体系的影响和挑战

随着我国宏观经济进入中低速增长的新常态,中国称重行业面临着重新洗牌。摆在我们面前的现状是:市场增长乏力,内部竞争日益加剧,行业内利润压力巨大,产业研发投入严重不足,人才吸引力缺乏,企业管理缺少精细化,等等,导致行业发展内生动力不足。整个行业面临着重大转型升级,而"中国制造2025"恰似一盏明灯,为中国称重行业的未来发展照亮了前行的路。

物联网时代悄然而至,万物互联,改变乃至颠覆了我们传统的生产模式、经营模式、组织和管理模式,乃至资本模式和心智模式。称重物联网的发展,不仅对我国及世界的称重产业产生了重大影响,也将对终端客户、设备制造商以及计量监督管理部门产生深远的影响。

一、称重物联网对终端客户的增值效应

终端客户(更多的应用企业)因为称重物联网获得了更多以数据为核心的增值,具体表现在以下九个方面:

一是数据实时传输及监管。通过覆盖全国的GPRS、Wi-Fi、Bluetooth及以太网等通信技术实现实时传输称重数据,数据中心实时记录称重过程(包括重量、时间、货物、计量参数的修改等），实时查询并存储数据及异常报警、追溯及开放给监管部门实现监管。

二是数据分享。通过 PC 端、手机 App、电脑终端随时随地分享数据，并可追溯原始数据。

三是数据隐私依然有效保护。

四是防作弊故障报警，保障数据的相对准确性。

五是大数据分析有效解决了不同行业、不同环境下设备的最优化选择，有效地延长了 30% 左右的设备使用寿命。

六是提升服务质量，开创预防性、准确性、及时性制造服务业新局面。

七是将称重数据与无人值守、ERP 管理系统、称重管理软件相结合，有效地提升数据价值以及企业信息化管理水准。

八是构建设备维保平台，将用户需求及时迅速传达至设备商、物联网运营商，与用户及时沟通到位，更有力推进行业客户需求的创新。称重物联网的实施，使得称重企业的终端客户有了终身的"助手""医生"和荣辱与共的伙伴。万物互联，由产品而始，最终实现供需双方的友好深度链接。

九是开展远程指导调秤（比如秤台调平、角差调整等），为企业节省人工及服务成本，提升工作效率，减少待机时间。

## 二、称重物联网倒逼设备制造商加速转型升级

设备制造商通过称重物联网的实施，实现企业脱胎换骨的发展。

一是开启设备智能化与信息化时代，增加设备卖点及增值化服务。

二是全面倒逼设备制造商，提升制造商的市场洞察力、现场服务力、产品研发力、内部人才创新力，促进企业转型升级。

三是建造并完善产品定制化及个性化生产制造体系，增强企业盈利能力。

四是提升企业竞争力。尤其是招投标中,称重物联网企业投标,可以拿出比同行或同一区域企业更令人信服的有关选型、服务、运营的优良记录,从而加大中标的可能性。

五是改变企业商业模式,使服务、软件、改造、租赁性收入比重逐步上升,有力提升企业毛利率,改善赢利结构。

六是通过物联网沟通平台,快速提高企业客户需求把握能力,以及根据市场变化快速集约企业资源满足终端市场的需求。

七是增强客户黏性,为终端客户所有计量产品提供第三方的检测和现场服务,走上为客户终身服务、赢得长久相伴的价值链创造客户关系。

总之,市场竞争格局已从过去的百舸争流,变成物联网形势下的路桥相连、互通有无,设备制造商如果固守过去的经营方式,只能变成漂浮在浩瀚大海中的一叶孤舟。只有顺应物联网的发展趋势,才能在这大浪淘沙的变局中生存下来,并取得更大的发展。

### 三、称重物联网给计量监督部门提出了新课题

伴随称重物联网而来的各种新技术、新商业模式,给计量监督部门提出了新挑战,与此同时,日新月异的物联网技术也为计量监督的有效性提供了有力的工具。如何在利弊并存的局面下因势利导,使监管体系真正起到净化市场环境的作用?

一是在监管理念上,要认识到物联网发展趋势不可逆转,必须深入研究称重物联网的本质问题,扬长避短,顺势而为,趁势而作。

二是在监管体系上,利用物联网故障报警及防作弊特性,对区域内企业群体性作弊现象和重点监管行业源头上的超载等问题予以联网监控,以此规范企业作为,提升监管技术水准,防范不良市场行为,净化市场环境。

三是在检定规程和行业标准建设上,需要考虑仪表和成套设备的通信

协议及接口标准化、远程检定规程、远程操作控制规程、PC端及手机App界面标准化管理的新变化，制订及培训、落地新的检定规程和行业产品标准，避免出现监管严重滞后于市场的状况。同时在许可证管理上，除了废除维修许可证制度、开放服务称重设备市场外，还需考虑在物联网生态下的行业整合趋势，不同企业开始重新定位、站位、卡位等。这一趋势会导致原来一部分制造企业不得不专注于存量服务，从而放弃制造领域而走向服务，使许可证企业数量减少而质量上得以提升。这一趋势也会导致大企业集团异地并购宗数大幅增长，其中必然涉及许可证申办与变更过户等问题。为了给企业转型发展保驾护航，监管机构需要考虑出台新的管理办法，简化新的许可证审批流程，放宽免检条件。

四是促进质检体系下新管理体制的改革。监管机构一方面要强化监管功能，另一方面要开放第三方检测、检衡车租赁及服务、第三方计量服务等市场，将市场行为交与企业执行。同时抓住物联网战略时机，促进政企有效分离，使市场无形的手和政府有形的手回归各自本质功能，这样更有利于中国的质检体系健康发展。

五是对法定计量技术机构的影响。无论是GB/T 7724—2008《电子称重仪表》、GB/T 23111—2008《非自动衡器》还是国际建议OIML R76，均还没有制订针对称重物联网仪表特性的相关标准及检定方法。首先，不同于常规电子称重仪表，称重物联网仪表新增了无线射频传输技术，如何对无线射频传输的称重数据的准确性和可靠性进行计量检定或检测评价，必然成为法制计量技术机构要面对的一个问题。同时，在EMC（电磁兼容性）性能评价方面，称重物联网仪表除了要满足现有标准规定的EMC抗干扰性能测试的要求外，还需执行GB 4824—2013《工业、科学和医疗（ISM）射频设备骚扰特性限值和测量方法》、GB 9254—2008《信息技术设备的无线电骚扰限值和测量方法》、GB/T 22450.1—2008《900/1800 MHz TDMA数字蜂窝移动通信系统电磁兼容性限值和测量方法 第 1 部分：移动台及其辅助设备》等无线通信类产品的行业标准。以上两点均需法定计量技术机构讨论是否增加修订 GB/T 7724—2008《电子称重仪表》及 GB/T 23111—2008《非自动衡器》及相应的形式评价大纲及检定规程，进而向国际法制计量组织提出 OIML R76《非自动衡器》的修订建议，以奠定在物联网大数据时代背景下，中国法定计量技术机构作为 OIML R76 建议修订倡导者的地位，扩大中国法定计量技术机构在国际上的影响。

称重物联网对称重企业、质检监管者、终端客户都将产生长远而深刻的影响，新的一轮工业革命正在逐步拉开序幕。我们必须正视现实，弯道超越，积极顺应"中国制造 2025"战略方向，不断创新商业模式，创新质检管理体制，才能在全球化进程中抓住机遇。称重计量企业和监管机构共同努力，朝着"称重智能化，计量信息化，监管有效化，服务最优化"的方向前进！

\* \* \*

# 中国衡器行业转型路上的"柯力"担当

在"中国制造 2025"的战略背景下，站在第四次工业革命的风口，中国衡器行业正面临重大挑战。如何促进行业转型升级？如何驱动行业变革？柯力经历 23 年发展，应当担当起为中国衡器行业发展探路的历史使命。重任在肩，义不容辞，我们将在时代大变局中发挥先头兵的作用，引领衡器行业向物联网转型。

一、发挥平台作用，促进行业更上一层楼

柯力致力于为行业搭建四个平台。

一是产品平台。柯力不仅为行业提供广受欢迎的中高端产品，而且致力于打造最高性价比的产品——与国际知名公司比肩的质量，更适中的价位，以及更周到的服务。

二是技术平台。从硬件到软件，从高精度的贸易计量产品到工程测力的宽精度产品，从防爆、防雷、防作弊到防腐蚀、防水、防鼠咬，从 CAN 总线到无线低功效发射，从串口 TFT 到动态图像显示，从蓝牙、Wi-Fi、GPRS 到 Role、NB-IOT 通信技术，从防火墙、备份到冗余、均衡器，从应变压力分析到振弦、磁阻，柯力已成为目前中国产品最为齐全的、最具影响力的称重技术平台之一。

三是供应链平台。我们不但提供传感器、仪表、软件等供应链产品，还面向全球用户提供价廉质优的无人值守产品，如监控高速公路及国道上超载、限载的视频产品、打印机、栏杆机、显示屏、箱式或柜式称重一体机，也为衡器企业提供合适的期货材料，帮助行业企业规避材料的价格风险并给予资金上的支持。集行业需求总揽，整合供应链，向最优惠的材料总包商方向不断迈进！

四是管理平台。我们为客户提供每月两次巡回服务，以及行业内专业技术培训班，每季度召集一次物联网研讨会；举办客户子女培训班，为客户子女提供长、短期实习和培训；输出制度文化，提供公司治理结构和期权激励方案，为行业企业管理规范和股份制改造不懈努力。

二、发挥价值链作用，促进企业有序竞争

引导行业的有序竞争，是目前行业发展的核心。想要提升行业价值，首

专家团技术探讨

先必须找到行业价值链的主线，而有序竞争就是这条主线。柯力要做的事有以下四个方面：

一是引导行业建立以用户需求为核心的价值源头。建立以用户需求为核心的综合生态应用场景，引导行业从单一数据走向大数据，从故障等待服务走向自故障报警，从售后服务走向终身保障服务。"为有源头活水来"，用户需求即是活水源头，只有深挖、导引、接通，才有利润的"不尽长江滚滚来"。

二是倾听用户声音，关注用户核心诉求。通过不断走访与来访、展会与巡回服务、周报与月报总结、市场竞争分析和情报体系建设，把终端市场需求源源不断地导流到公司的要素综合平台，集资源之大成，满足客户需求。在服务客户时，要具备"天地与我并生，而万物与我为一"的哲学思维，发挥具有能动性、流动性、生长性的思维与服务方式，以适应行业客户越来越复杂的变化要求。

三是把柯力打造为行业价值链方案的解决者。帮助行业客户获取市场订单并突破技术集成系统的关键节点；引领客户丰富产品线和建立差异化销售策略；引导客户抛弃患得患失的心理，从经营战术走向经营战略，夯实管理基础，实施行业整合，从而促进行业有序竞争。

四是引导确立行业客户不同角色分工，从制造转向服务，从销售走向渠道，从加工车间走向全自动智能工厂，从低端走向中高端。我们将与核心客户建立战略合作伙伴关系，提供全方位的产业升级支持，逐步向区域内差异化客户发展体系方向迈进。

三、发挥物联网作用，引导行业发展方向

物联网为行业发展注入了一股清流，提升了行业层次，树立了行业核心，吸引了行业人才，同时增强了行业自豪感。

物联网是目前中国衡器行业发展的一盏明灯，明亮的灯光正在照亮我

们前行的道路。而柯力要做的是充分挖掘物联网潜力,引导行业的发展与共享。我们将在以下四个方面持续发力:

一是创新与多元客户需求匹配的深度营销模式。物联网为终身服务提供了可行性技术手段,使物联网企业与终端用户建立一生的"伴侣"关系成为可能。只要进对门、找对人、挖对要求、做对方案,用户的需求将不再干涸,如一泓泓清流,汩汩而来,不舍昼夜地滋润着业绩绿洲。

二是探索多维共享的新商业模式。物联网拉近了不同行业之间的距离,拉近了企业与客户之间的距离,拉近了现实与未来的距离,使世界结合得如此紧密又充满希望,为新商业模式的层出不穷提供了可能。例如,基于物联网技术的故障定位分析系统,可为用户带来各种预防设备故障的增值方案。而大数据分析可为用户产品选型、软件自动升级、用户行业分析和市场资源开拓提供物联网方案;为高端客户带来设备准确度的研究和生命周期的分析;根据不同用户对数据的不同需求痛点提供物联网方案设计,如防作弊、高精度、无人值守、信息化、数据隐私保护、数据分享和实时性等,带来差异化和高附加价值的销售方案和增值空间,促进行业竞争分化和市场资源的最有效利用。

三是引领传统企业成功转型。通过共享称重设备,更好地利用存量,使行业客户从买钢材、做秤台的加工型工厂,转变为卖数据、做服务的共享设备新商业模式开拓者,逐步从衡器竞争"红海"中摆脱出来,走向数据服务"蓝海"。

四是重塑行业定义,使行业焕发新活力。柯力为行业客户提供物联网技术、七大软件体系、大数据、现场服务、宣传、运营费减免和仪表折扣、退单和中止收费服务、改造产品回收和质保期延长等支持政策,促进行业客户硬件与软件结合,虚拟和现实结合,从制造加工工厂走向智能化和服务化的现代企业。总之,通过重塑行业定义,使行业焕发新的生命力。

### 四、发挥战略定力，助力行业转型

柯力的战略定位是成为拥抱物联网、助力行业转型的平台式公司。

一是产品、技术、供应链集成、培训、管理协同的行业平台式公司。

二是开放创新的行业平台式公司。柯力将引导行业企业挖掘终端市场需求，按照细分市场的需求制订产品差异化战略，同时发挥定制产品的优势，从传感器、仪表、软件、协议、服务器一直到包装、品牌、商标、传力机构等，确保为转型企业提供打上市场定制烙印的具有核心竞争力的专属创新产品。

三是支持企业转型的行业平台式公司。柯力应坚持引导转型企业制订转型战略方向，同时超越眼前利益，淘汰一部分以低价值竞争扰乱市场的低端客户，坚决支持转型客户在市场细分下的差异化战略，支持在不同市场定位下向着高附加价值方向攀升。

在实际市场操作中，支持高端、中低端两条线生产，在中高端市场与外资公司竞争，在中低端市场与市场落后者较量，支持充分挖掘、利用物联网价值，支持定制市场专属品牌和产品保护协议，建立标杆及龙头平台效应，建立不同商业模式转型成功的案例。

在转型战略上，我们不能患得患失，要稳中求进，逐步形成一个环境良好的行业生态圈，为中国衡器行业走向中高端、走向智能制造、走向民族品牌尽心尽责。

四是工业物联网应用的行业平台式公司。柯力将不断开拓新的工业物联网应用领域，引用宁波工业物联网产业园中的大数据，控制四大平台，将平台资源和产业园企业需求嫁接到转型企业，建立工业物联网指导下的行业全面发展新路径。

在物联网发展背景下，柯力将恪守不参与中低端衡器生产制造和市场销售的承诺,我们将为中国衡器企业走向中高端,走向国际市场,走向智能制造,实现行业转型和企业创新驱动,做宽厚的奠基石。在实现行业物联网大数据价值提炼中,把中国衡器行业发展得更契合终端用户需求,更精准地服务行业客户。

总之,柯力物联网战略的核心是拓宽行业定义,开辟行业道路,推进行业两化深度融合,引导中国衡器企业在工业 4.0 时代弯道超越全球同行,向着"中国制造 2025"方向奔跑。

* * *

# PART ②

## 布局未来
### 物联网时代的战略选择与生态建设

# 物联网战略变革方向：重构商业要素

物联网战略与传统市场战略存在着十分显著的区别。用户不同了，用户的需求层次也发生了变化，企业的市场战略、营销策略、商业模式与业务流程等，也要随之而变。

在称重行业，物联网战略有别于传统市场战略的新变化，主要集中于以下几个方面。

一、用户战略 —— 创新引领需求

传统战略认为用户存在于销售与资金回笼过程中 —— 最多加上现场或售后服务。而物联网战略认为，用户是拥有明确沟通的权利，并需保持持续沟通、要求随时得到响应和需求满足的消费者。

推行物联网用户战略，最重要、最核心的要求：

一是提升产品附加值。物联网用户从购买设备开始，不论何时、何地从何种渠道以何种方式购买，都是物联网公司的用户，而物联网公司将与用户建立直接的沟通渠道。物联网产品不仅具有设备的基本功能（如计量），而且还具有设备的高层次功能，如随时保持准确，随时了解称重数据，以及为设备如何选型，如何保障设备有效运行，如何延长设备寿命，如何提升数据综合利用价值等提供解决方案。在沟通过程中，物联网公司创造了超越产品本身的价值，并因此提升了客户的满意度，由此也将获得超越产品价值的销售业绩数据和更高的客户黏性。

二是提高客户需求响应速度。物联网公司与用户建立了直接、可持续的沟通渠道，中间不再有信息屏蔽与交流障碍，用户的需求可得到即时响应，包括自动故障报警、自动数据生成及集成、自动软件升级、自动推介新产品、自动图像及视频识别等，以保证设备运行的准确、及时、便携，以及用户的舒适。

三是服务方向实现由外而内的转变。物联网公司不仅为用户提供硬件，更多的是引领与挖掘用户需求。硬件是载体，用户内在需求才是主攻方向。物联网以硬件为载体，以软件为桥梁，以服务为方式，直指用户内心深处最本质的人性需求。

四是业务团队的升级再造。在传统市场上，业务团队主要针对用户产品层面的需求，而在物联网环境下，业务团队需要探寻用户潜意识中的核心需求，并切实解决客户的"痛点"。而且，真正的物联网用户是潜于水下的，有待开发的需求很多，业务人员无法运用过去的营销方法取得成功。他们必须成为哲学家，成为心理学家，成为艺术家，深潜到用户的内心世界，用心体察用户的情感变化，才能找到并挖掘出无穷的需求"宝藏"。

总之，物联网用户与传统用户最大的区别是：物联网用户并不是以硬件为需求终点，业务团队需要通过不断沟通，不断发现和创造需求，不断更新产品与服务以满足用户的痛点需求。物联网用户是企业一生的伙伴，除了商业利益外，其需求更多地体现在人性的释放与满足上。因此，服务物联网用户是一个持续沟通、持续开发、持续满足的过程，是一个以创新来引领需求的过程。对我们物联网企业来说，没有终点，不就是最理想的未来图景吗？

二、业务流程管理变革 —— 为物联网转型奠定人才基础

物联网业务的最终考核从以销售收入或利润为核心,转变为以用户数量和用户需求点满意度(含挖掘后惊喜度)为核心。

前期对业务员激励考核的方向:一方面是物联网设备销售、升级改造、租赁等数量,把握用户入口数量,增加用户黏性,提升用户口碑;另一方面是以用户需求点总结、挖掘作为产品迭代开发源泉和产品逐步清晰化定位,产品功能物联网化。当然,还有用户满意度和用户忠诚度两大指标。

因此,物联网业务前期更多的是做开拓性的工作,不能以单纯销售收入或毛利润来衡量,它还兼有市场调研、产品开发协同、服务管理等多项内容。从这个角度看,对业务经理的需要应从是否具有良好的物联网理念、人际关系沟通能力、挖掘需求的市场眼光和捕捉痛点的敏锐度等方面来考虑。而在后期,对业务经理的需求则主要强调市场动向洞察能力和团队管理能力。

在人才招聘与培养中,我们要更加注重物联网人才梯队的建设,培养具

物联网学院现场培训图

备物联网特质和思维的人才。同时公司在激励或股权平台上，也需要更多地考虑给予物联网人才可持续发展的机会。他们比一般业务经理更易获得股权激励或期权激励，责、权、利更统一、更清晰。同时，公司也更需要物联网人才进入中高层，从而为公司向物联网转型奠定人才基础。

### 三、商业模式变革 —— 先撬动少部分用户作为战略支点

通过调查称重客户对物联网的接受程度，发现上、下两端各有 10% 的客户分别会选择坚决拒绝和马上接受，中间 80% 的客户又分为想免费使用、想低成本使用、要求更好性价比、暂时不会使用需要等待、想使用又不放心数据安全或服务质量等群体。

针对主体客户群体有免费或低成本使用的偏好，在推广策略上，我们先打免费牌、低价牌，通过"给甜头"的策略逐步导入客户。具体方法是，部分核心客户可免费使用体验，低价收取运营数据费用（含 3~6 个月免费）。根据不同客户、不同需求再定制简易服务型（不更换配件，配件另加）、中间服务型（收取年费或一次性价目收费）、检测服务型（与质监系统进行第三方检定或进行检定前校准服务）、全面服务型（含所有计量产品、第三方服务），并根据历史维修保险、历史成本、称龄、配件数量、使用环境等因素考虑制订不同收费盈利模式。

上述策略的核心思想是快速求量、站稳市场，以一部分客户来培养另一部分客户，并且深度挖掘客户需求，培养用户物联网习惯，构建竞争壁垒，加深产品的市场适应性和快速迭代开发，规范服务管理和挖掘服务惊喜。同时提供差异化产品和服务，进一步重视大数据的分析价值和"羊毛出在猪身上"的商业逻辑，引导用户扩大消费需求，尤其要改造扩大升级模式需求，强力推行新设备标配。

总之，物联网商业模式变革既要尊重商业逻辑，尊重客户消费心理和消

费习惯，又要积极求进，先易后难，以点带面，先撬动少部分用户，然后持续拓宽和深耕，以带动物联网市场的蓬勃发展。

四、资源整合战略 —— 创造新的"蛋糕"

在传统业务中，所有利润"蛋糕"都围绕产品制作，在生产与流通这张狭窄的"长条桌"上切分，分享"蛋糕"的是几张"熟悉的面孔"——生产商、客户、供应商、渠道商等。

在物联网战略下，柯力与合作伙伴不一定分原来的"蛋糕"，而是要创造新的"蛋糕"，依据新的商业模式，在做大的"蛋糕"中各取所需。创造新"蛋糕"意味着要突破原有的资源体系，接入和整合新的资源。资源整合对象不仅是行业内企业，也包括产业链上下游企业、竞争对手及与行业相关联的企业，如软件、检测、数据服务和利用等公司，甚至包括资本投资公司。

在资源整合过程中，我们需要关注的核心问题包括：

一是整合必须适应行业客观规律及物联网发展需求。

二是符合企业发展战略。

三是加深对资源的深入了解。新资源意味着陌生，熟悉是第一步，只有在熟悉的基础上才懂得怎样综合利用资源。这给我们提出了很繁重的学习任务，同时也考验着我们的市场洞察力及用心程度。

四是资源整合形式多种多样，按需要灵活设计，包括一般销售、经销代理、总代理或独家代理、项目合作、新公司组建、股权式合作。

总之，物联网战略绝不是产品战略，本质上是资源整合战略。而资源整合战略的核心是重构商业要素。各种新资源的合理接入，产生新的"化学反应"，呈现在我们眼前的将是全新的业态，以及全新的商业前景。

\* \* \*

# 顺应物联革命潮流,占领行业战略高地

实施物联网战略,堪称柯力的二次创业,这也是柯力发展征途中的一个重要里程碑。我们坚定走向物联网,是基于以下观点。

一、物联网发展是未来世界不可逆转的潮流

"滚滚长江东逝水",我们正在经历一次新的革命,一次解放人类大脑的革命。未来十年,整个世界的变化将超乎我们的想象。

2017年首届柯力物联网国际发布会

对称重行业来说,物联网将称重设备带进了大数据时代,称重数据随时随地准确获取,客户得到及时的服务,第三方能够检测数据,人物、物物、人人相联,均得以实现。物联网的普及是不可逆转的时代潮流,我们或者紧跟潮流,或者被时代浪潮湮灭。对此,我们柯力已经给出了明确的答复。

二、行业发展趋势迫使我们创新求变

不论是宏观还是微观环境下,衡器的市场需求都呈下降趋势,行业竞争激烈,迫使我们寻求发展的新突破。如果没有物联网,我们也要进行整合创新。

在偌大的美国,只有M·T、Avery weightronix、Fairbanks、Rice Lake、Cardinal五家年产量超过300台以上的汽车衡公司。而在中国,年销量超过1000台的公司多达10家,年产量超过3000台以上的公司超过50家,有制造许可证的公司则多达400多家。可以说,衡器市场正处于战乱纷纷的"战国时代",各家企业为了生存,为了抢占已无限逼仄的市场空间而尽力厮杀,损人而自损的现象屡见不鲜。

分久必合,市场的重新洗牌在所难免!而物联网似一剂催化药,为行业整合提供了契机,也为每个企业寻求自己的战略定位提供了可能。而柯力应顺应时势,以斩木为兵的斗志冲在前面,登高而呼,将众多急于求变的关联企业聚集在物联网的大旗下,整合多方资源,以获得昂首迈向未来的超能量。

三、抢占制高点,为行业竞争赢得先机

物联网是元器件企业抢占市场的制高点,如果没有物联网,元器件企业只能沦为产品制造商。面对以物联网绑定元器件的竞争对手,传统的元器件企业如同单枪匹马挑战大风车的堂吉诃德,必然面临可悲可笑的命运。

此外,平台式物联网产品销售只是作为产品的延伸,仍然摆脱不了产品市场的残酷竞争，无论是质还是量都很难提升企业战略。尽管可求一时稳定和平安，但平安中隐藏着巨大的"慢性死亡"式的危机。

战略需有长远目光，我们要时刻保持这样的危机感：柯力离死亡倒闭只有一步之遥。"温水煮青蛙"一开始舒适无比，但随着技术、行业、市场、对手的变化，最后在沸腾中死去是必然的。因此，在这巨变的时代，我们要果敢地跳出短期利益追逐的陷阱，敢于自我否定，加强创新动力，不断追求未来，不断寻求微笑曲线研发与品牌两端，不断寻求物联网变轨创新，力争在未来五至十年内，占据行业制高点。这是柯力置之死地而后生的必由之路。

为了走通这条路，我们必须清醒再清醒，学习再学习，努力再努力，以必胜的信念，突破每一个未知的障碍，化解每一个危机，以达成我们的目标！

### 四、迎合用户人性释放的诉求

物联网作为一种全新的连接方式，构建了人机对话平台，打通了人人交流的通道，通过信息化与智能化的融合，构筑了全新的服务体系和大数据应用体系，同时也迎合了用户人性释放的诉求。

在目前物联网产业实践过程中，我们必须考虑以下思路：

第一，不忘初心。我们要深怀感恩之心，不忘客户这么多年对我们的关照和培育。在物联网发展初期，我们要以百倍诚心给客户讲趋势、讲思路、讲方向，尽量让客户明确行业发展趋势，明白未来发展路径，清晰自身定位，从而理性选择自身战略。

同时，对愿意同赴物联网盛宴的客户，我们要给予多种合作方式选择、技术平台支持，还要给予产品个性化定制、区域保护、以量定促销价格等优惠条件。

在物联网发展推进期间，尽可能分析目前所在区域的市场情况和各个层面的客户资源协调，在充分尊重的基础上，与未来合作伙伴共商物联网推进策略，例如确定不同客户间的定位（如专注制造、专注经销、成为股东、成为总代理,发挥"1+N"的有效作用)、商业模式,力争让更多客户参与设计,分享发展壮大后的蛋糕,力争维护好客户的利益。

第二,资源整合最优化。不同区域有不同的资源整合方法,在物联网发展到今天的这个阶段,每个衡器客户的后期发展定位必须与柯力物联网战略相协同。在传统衡器领域中,柯力将运用物联网战略,同时携带资金、资本、技术、服务、商业模式等新资源,与客户共舞。具体表现为以下七个方面:

一是新称标配。新称标配具体是指通过新称标准材料清单采购配置,达到批量规模采购、成本下降的目的,实现性价比最优。

二是新称差异化,尽可能扩大市场占有率,用微笑曲线的两端求利,用物联网产品求量,而且必须具备有序、有力措施,扩张迅速,舍小利求未来,舍小我求布局的思想。

三是服务跟上,包括硬件上配置检衡车、服务车、物联网;软件上搭载服务管理软件、大数据分析、客户痛点需求挖掘及满足。

四是进行脱胎换骨的变革,包括信息、资金、人员配置、内部管理、战略协同、营销策略等方面的全方位升级。同时柯力必须要制订与规划不同区域合作方法及资源支持方案,与市场共舞,与合作伙伴共进。

五是旧称升级改造,实现旧设备无人值守化及物联网化。

六是商业模式变革,实行一次性收费服务或年费服务。物联网产品被投放市场后,必须进行所有产品的服务分类、满意度的调查与提升、服务费用的收取及后续新的服务模式创新。

七是第三方计量与检测服务。真正把客户需求作为一生的陪伴、一生的依靠,与客户携手稳立市场,不断向前。

第三,重新出发。物联网战略改变了整个行业。作为物联网企业必须重新出发,在产品线上重新布局,实施差异化战略,分化为两条生产线以求量、求利;在服务上重新确定收费的内涵和模式;在渠道上重新确定资源量的优化利用方案;在流程结构上包容、分享和交流;在管理上走现代企业制度、法人治理规范之路;在战略协同上要采用案例总结分享、合作与投标、技术与需求点共同开发等措施;在财务管理上规范有序并打造全面成本控制系统。物联网将对产业链所有企业产生巨大影响,需要用心规划,未雨绸缪。

第四,深入再深入。终端市场千姿百态的需求是我们处理问题的出发点及归宿,我们将建立共同的微信平台及研发平台,每周听取终端客户的市场反馈,每两个月召开市场会议,以促柯力迭代开发。同时对客户需求大小、真伪、批量与个性化进行辨认,通过全国物联网产品市场每天几十台(一两年后超过一百台以上)设备的安装调试、应用反馈、改善建议、售后案例,不断为物联网平台提供信息,助力物联网产品创新,打造经典不朽产品。

总之,我们要牢牢把握未来全国市场的需求点,提升需求转化能力,在为市场一线提供优秀产品的同时,为产业发展增强更大影响力和吸引力,形成"虹吸效应",正是未来物联网战略孜孜以求的目标。

\* \* \*

# 物联网战略的核心问题

在物联网战略推进过程中，有几个核心问题在困扰着我们。这不仅仅是柯力遇到的问题，也是众多公司在走向物联网时的共同困惑。柯力必须找到答案才有勇气继续往前走。

下面是笔者对这几个核心问题的一些思考。

问题一：物联网战略对企业的发展有何影响？

在物联网市场推广过程中，由于选择合作伙伴具有一定排他性，并且给予合作伙伴在区域内的保护政策，这必然会影响柯力传统市场的客户利益。在这个问题上，我们必须看到，柯力的战略方向发生了本质变化，已从产业核心元件制造商转变为产业的领导者，从企业经营走向产业经营，从传统行业圈的一环变为行业生态圈中心。柯力正率领一批优秀设备制造商、经销商、服务商共同走向"中国制造2025"智能时代，为民族产业发展贡献力量。

在前进的道路上必然要有所舍弃，有所舍弃才能更好决策。推广物联网对我们的合作伙伴有利，也必然对另一部分客户的利益带来有形或无形的影响。战略决定取舍，我们要以平常心去看待问题。这是一个极为艰难且痛苦的战略抉择。但是，基于时代的要求和行业的使命，柯力必须做出这样的选择,坚持走自己的路,义无反顾!

当然,在实际执行物联网战略的过程中,我们必须灵活地处理好以下这些问题:

一是推广物联网产品时,在没有合适的合作伙伴或市场容量不大的区域,没必要坚持独家原则,应选择一个或多个经销商。同时需要选择多个客户合作,并逐步推进与深化与客户的合作关系。在不断变化的市场中,引导客户择机拓展区域市场,待条件成熟时,可将客户发展为合作伙伴。

二是在有合作伙伴或子公司的区域,注意引导中小型设备厂家成为物联网的合作伙伴、或制造伙伴、或销售伙伴、或服务伙伴,从而形成强大生态链,形成区域内市场占有率最高且物联网产品推广速度最快的行业领先者。在制度设计中,必须形成共创、共建、共担、共享的合作机制,形成在研发、人力资源、资金、市场上各类资源优化整合的机制,建立既各施所长又紧密协同、既重视基础提升又着眼未来发展的合作关系。

三是引导合作伙伴或子公司建设与物联网战略相适应的管理体系,同时要着眼于市场本身的变化,对合作伙伴采取有力支持。如直接从总部招聘培训直销终端,直接去子公司进行市场拓展,直接引进或并购其他衡器类产品为子公司或合作伙伴服务;出台差异化物联网产品和销售政策,出台服务费用减免政策,出台存量改造与销售起量等各项优惠政策;建立钢材价格波动资金支持和期货策略,建立中高端设备生产线和市场营销体系,建立检衡车辆为标准配置服务体系,建立超越传统合作伙伴的新的经营管理体系。

四是持续发力,提升核心竞争力。其一,我们要全力以赴抓好常规产品的性价比,继续增强市场竞争力,继续维持柯力在国内衡器核心元件的龙头地位;其二,我们要加速推广物联网产品,按市场要求改善我们产品的不足,超越竞争对手的产品质量和商业模式,筑起物联网战略壁垒;其三,我们要坚定迈向中高端市场,坚定推进设备差异化、系列化、智能化、服务化"四化"

战略，为未来发展赢得先机；其四，我们要采取新的成本策略，牺牲低端产品利润，推进物联网市场占有率，丰富产品线，使物联网推动战略更加完善。

问题二：如何保障数据的隐私性和安全性？

目前市场上有一种误传，以为柯力一旦掌握了称重数据及状态数据，就会对后续的终端客户、经销商、合作伙伴产生不利影响。这种说法更多是竞争对手故意歪曲事实以误导客户的一种销售伎俩，其目的是让客户拒绝甚至厌恶柯力的物联网。

事实上，数据的隐私性和安全性是柯力实施物联网战略伊始就重点考虑的内容，并且采取了有效的保护措施：一是柯力产品 W1501 是通过无线发射至柯力的服务器，而 W1503 分为两路分发，为对称重数据有保护需求的客户提供了隐私空间，客户可直接进入客户 PC 端及服务器，只有当客户愿意提供状态数据作为设备健康与服务数据的前提下，数据才会被发送至柯力的服务器。W1601 系统更彻底，只要终端客户愿意，我们直接把称重数据及状态数据全部发送至客户 PC 端及服务器。

而且，柯力对年销售量超过一定数量的经销商或合作伙伴，可提供软件和硬件，协助其自建服务器体系。对服务器软件执行最低价格甚至免费；对硬件设备，柯力建立设备优选清单，推荐给自建服务器的经销商或合作伙伴。我们更愿意把两大数据直接提供给经销商或合作伙伴，让大数据更好地为他们的市场推广服务。

至于柯力在建的数据中心，更是十分注意数据的隐私与安全。数据中心设立了温湿度、气体灭火、不间断电源、防静电等十大系统，在硬件上配置了均衡器、防火墙、冗余及备份等硬软件设备来确保数据的安全。

最关键的一点是，柯力对终端客户、经销商、合作伙伴都做出承诺：如果发生了数据安全事故，柯力将做出巨额赔偿并启动应急预案来确保客户利益。

问题三：如何提升物联网产品的价值？

物联网产品给柯力带来的价值，一定是通过为客户创造价值而实现的。双方利益一致，围绕物联网产品，各取所需。在利益链条的两端，还有一个连接端，即我们的合作伙伴与经销商。偏于一端此路必然不通。我们要各方兼顾，同时为几个看似矛盾其实并不矛盾的现实问题找到答案。

第一个问题是，物联网能为我们带来什么？

在物联网产品经营中，我们坚持认为要收取一定的服务费。服务费不是指信息费或流量费，而是通过满足客户内心需求产生附加价值而给我们带来的回报，是客户乐于支付的价值。我们可以依托物联网产品，在多个方面为客户创造附加价值。例如：防作弊为客户减少潜在损坏；数据分享及信息化提升客户效益；实时数据提升客户设备效能；及时服务减少客户待机时间；大数据分析帮助延长设备寿命；检测服务为设备准确性保驾护航……

在物联网环境中，终端客户不断产生的需求可通过沟通平台得以即时反馈，而付费客户对服务的质量及时效性必然有着更高的要求，这促使我们需不断提升自身服务管理水平。合作伙伴或经销商不能停滞于过去简单的售后维修，必须在更高层次上体现物联网产品的价值，并快速响应客户的需求，将客户需要的价值送达客户手中。

服务的本质是增值，是承诺，是超越产品本身让客户惊喜的体验。服务是行动而不是口号，是我们未来发展的动力源泉和利润制高点。

当然，为了激发客户对物联网产品的兴趣，减轻合作伙伴、经销商的市场竞争压力，我们对多次购买、购买多台、介绍购买、多年服务、区域或行业示范企业、金点子奖励等情况采取第一年服务费减免政策，其目的还在于更好地为终端客户服务,体现物联网产品的特征。

第二个问题是,物联网能为终端客户带来什么?

企业必须坚持终身服务和挖掘需求的理念,千万不要以为产品安装调试好、物联网仪表可以收费就万事大吉了,其实这仅仅是第一步,后续的经营与服务才是重点。

在实施物联网产品经营策略时,我们也要关注竞争对手的表现,竞争对手可能说服我们的客户放弃物联网产品而重新更换为常规产品。为了形成区隔竞争对手的闭环,在物联网仪表传感器选型上,我们必须坚持定制产品、定制协议、定制界面、定制软件特色,同时运用物联网中设备维保、新闻发布、信息反馈等平台与客户保持沟通,每日通过微信或短信发送称重汇总和故障提醒,充分利用物联网产品防作弊、故障报警、大数据分析等功能为终端客户提供预防性服务,真正让客户体验到物联网产品的物有所值。

同时,运用大数据汇总、现场诊断、服务管理软件,对不同行业、不同环境下的设备进行生命周期研究,提升设备制造厂商的研发与生产能力,让制造商体会到物联网产品的科学性和市场适应性。

第三个问题是,物联网能为合作伙伴或经销商带来什么?

物联网产品不仅仅是产品改善及提高设备的人性化和智能化,更重要的是,考验设备厂商转型升级的能力,包括对直销人员的素质要求,对经销商利益体系的梳理,对终端客户要求随时沟通、随时服务、随时升级、随时满足客户需求的能力;也考验了经销商在服务终端客户中新的增值点的服务能力,如服务平台管理、检衡服务、第三方与计量产品服务,同时从终端客户服务中寻求、发现产品改善点和快捷反应机制。所有这些努力,如果能满足客户不断变化的需求,对客户产生了实实在在的价值贡献,所得到的回馈必然是更高的市场占有率和更高的利润水平。

问题四：当前我们最紧迫的任务是什么？

"仰望星空，脚踏实地"是柯力实施物联网战略的基本态度。当我们向往远大目标时，要紧锣密鼓、毫不懈怠地做好这几件大事。

一是在近三年内，柯力全力推进工业衡器物联网，实现至2018年累计6万～8万台设备运营数量；通过产品迭代开发和商业模式创新，逐步建立柯力工业衡器物联网生态环境，实现全国市场、子公司、总代理、项目部、合伙人公司落地渠道和国际市场部分合作伙伴渠道；建成物联网研究院、实验中心、服务中心、培训中心、智能制造中心和数据中心的"一院五中心"体系；实现行业环境不断净化和竞争更加有序的发展趋势，并有效控制产品成本和提升产品性价比，通过丰富产品线及产品本身差异化选择，确保市场竞争力和占有率。

二是制订柯力行业物联网发展方向，不断开拓新的物联网应用场景。目前柯力有畜牧物联网、智能输液管控系统、数字化车间等多个应用场景可供选择。

畜牧物联网主要是采用动物的个体识别技术、动物自动称重，精确控制动物的每日采食量，以及环境控制参数的智能控制，主要手段包括称重系统、视频监控、声音监控、环境监控以及数据收集系统等，狠抓精准畜牧业养殖（PLF，全称Precision Livestock Farming）的契机。

智能输液管控系统是基于物联网技术、传感器技术、数据库技术开发的适合医院输液的智能化管理系统。由输液管控终端将病人的输液进程情况以数据的形式进行分析处理后，通过无线网络实时传输到智能输液监控系统，再由系统根据输液流速自动计算输液完成所需的剩余时间，与护士的手机App、护士站的PC端对接，最终实现与医院的系统（医院信息系统，全称Hospital Information System）对接，为数字医院提供最关键的一环。

数字化车间是通过机器人+称重数据采集平台+工位机+MIS+ERP形成数字化整体解决方案。通过智能设备、数控设备、自动化技术、自动识别技术、AGV技术的应用，实现实体设备的自动控制和运作，通过信息技术的数据采集、智能分析、数据传递、指令下达、监控与广播技术的应用，实现对实体设备的控制及各个业务环节的联动，进而实现将整个车间建设成一台结构合理、动力充沛、自动运转的"智能机器"。

在"物联网"这个名词风靡之前，机器与机器之间的通信或者说连接（M2M）早已存在，而物联网兴起后，实现海量的智能设备大数据采集、分析、应用将成为核心课题。未来物联网有不可想象的空间，柯力物联网创新中心可谓应运而生。物联网创新中心旨在集结各方技术和产业实力，推进衡器行业及其他物联网领域的平台建设，加速这一创意落地，共同推进物联网市场的发展和互联网技术平台的搭建。同时利用柯力原来的一院五中心和员工及合作伙伴股权激励、人力服务、供应链、物流、机械加工、设备、检测、信息化、行政服务、财务辅助管理十大平台，总结衡器物联网和行业物联网经验，直指柯力战略愿景———建设国际一流的物联网公司！

\* \* \*

# 物联网战略怎样落地？

柯力的物联网战略方向已十分明确，但战略实施成功则是一个漫长的、需要不断努力的过程。在实践中，为了让物联网战略真正落地生根，我们必须着手进行以下工作：

一、发挥优势，打造物联网强势品牌

在推进物联网战略的过程中，我们要明确价值主张，充分发挥我们的长处，让客户满意，让对手难以超越。我们的战略定位为客户提供实时、准确、可分享、信息化的称重数据，在为客户带来效益的同时，将柯力物联网品牌形象植入到客户内心，要让全球客户尤其是中国客户产生称重数据需求时，就能想到柯力物联网或者柯力战略合作伙伴的物联网品牌。

打造强势品牌，不仅要从战略上解决方向问题，还需要强大的差异化战术来支撑：

在技术方面，包括强大的防作弊协议和数据通信技术、卓越的传感器与仪表性能、TFT触摸屏及中英文菜单特性、流畅的视频图像传输、设备自动故障报警及即时服务响应、定期检准服务及第三方检测、快速极致的迭代开发等。

在服务方面,建设周到服务的保障体系,以及遍及全球及国内每一县级的直销和经销服务团队。

在产品营销方面,对所有合作伙伴采用区域保护及产品定制的机制,为所有客户提供差异化K9-W、D08-W、D39-W及后续D28产品和W1501、W1503、W1505、W1601-S、W1701系统多种产品相结合,这些产品及对其的管理能力和物联网战略提供高度匹配,并通过有效性、差异性为市场竞争赢得一定制胜权。

在基础工作方面,柯力正在建设物联网研究院、国家级工程技术中心、技术标准创新基地、院士工作站和博士后工作站、宁波工业物联网示范企业及工业软件平台,将源源不断为物联网战略提供更强大的技术动力,为后期物联网战略所需各类能力积累新的源泉,开辟新的道路,这也是物联网战略落地的首要保证。

二、提升能力,将物联网战略落实到日常工作中

物联网战略落地的关键是执行,执行的效率与效果也要靠相应的技术支持与其他多方面的支持,就像打仗一样,不仅需要勇气、战术、战斗能力,也要武器、后勤和组织指挥,这需要进行多方面能力的提升。

一是强化执行能力。为了让物联网战略真正落地,我们首先要进行组织体系与管理变革,围绕物联网打造一个能够攻坚克难的新组织。在合作伙伴有要求而传统设备销售部门无法开拓物联网业务的前提下,将传统设备销售部与物联网业务一分为二,建立独立的物联网业务部门,并安排专人负责经销商、计量系统的物联网业务开拓。同时变革售后服务体系,让售后服务人员参与物联网业务,并建立专职的物联网数据及服务后台管理人员。有条件的合作伙伴可引进软件开发人员,包括无人值守、与终端市场对接的ERP软件人员及其他工业物联网软件人员,总部则建立独立的物联网事业

部，专门负责国内合作伙伴的物联网业务及经销商的市场开拓，并在江浙一带建立自营独立项目部的组织框架。

二是提升研发检测能力。总部投入一亿多元来建设柯力八期工程，并形成一院五中心十平台，这不仅仅在衡器行业内首屈一指，在中国检测行业及宁波工业物联网企业中也处于领先地位。我们拥有的高端装备，如50T静重机、2000T比对机、弹模室、应变应力分析室、金相分析室、热处理工艺室、疲劳试验室、应变计工艺研究中心等，为传感器的质量保障奠定了基础，而EMC电磁屏蔽室、高速任意波形器、矢量网络分析仪、无线实验室为物联网仪表的开发保驾护航。数据中心又建立了冗余备份、均衡器、防火墙等多种硬件装备，为建设数据库及软件开发提供保障。所有这些软硬件装备，为战略落地提供了研发检测的信心。

三是升级产品差异化定制能力。总部针对每个子公司及其合作经销商体系，对每一个区域经销商及项目部，都将给予特种协议和专属传感器特定的界面和软件，尤其是桥式传感器防作弊设计改善和柱式传感器差异化应用，以及CAN等定制协议，在确保终端客户的物联网应用稳定有效的同时，为合作伙伴赢得后期利润提供保障。同时，还建立了各子公司及经销商定制产品备库，保持合理存量，以保证供货的及时性。

四是优化服务和装备能力。建立总部中试场地和服务样板工程，要求子公司配置检衡车辆；建立专门服务管理软件信息化体系及服务管理日常化规范，推送每日设备故障报警；提供每年一到两次设备运营选型、体检及使用注意事项报告，并且加速推送全国的物联网现场服务至每一个县，开启远程服务的研究及总结规范，推广优秀服务案例和服务满意度调查来提高服务质量。

此外，在合作伙伴体系中，通过建立物联网软件开发工作室、演示中心，将总部的EMC、误码分析仪、防作弊操作控制室等多种物联网软硬件建设向终端客户展示,在展示柯力实力的同时,为客户提供吸引要素和信心保障,进而提升订单转化率。

五是塑造战略联盟的协同能力。总部作为"总调度"角色,在各战略联盟之间进行全方位协同,以充分调动和整合优势资源,提升整体的战略执行力。在产品体系上,协同材料采购的渠道和制造设备的分享;在业务体系上,协同招投标及跨区域产品制造,以节约物流;在销售策略上,共享案例,并协同新的业务机会的推进;在服务体系上,协同客户沟通和服务团队的建设;在销售渠道上,创新分厂制、分公司制和经销商制,为业务的壮大发展拓宽渠道。此外,所有战略联盟通过微信、研讨会、巡回服务等多个平台,传播总部的物联网战略及相关政策,以促进其落地生根。

### 三、培育物联网文化

作为"物联网人",首先要热爱物联网,热爱物联网产品。我们提供给终端客户的不是冷冰冰的铁器,而是能满足终端客户内心需求的情感产品;我们提供的不是随时变化、不断跳跃的一串串数据,而是让终端客户以较小的付出收获更大效益的终身体验。有了物联网,传统设备制造开启了智能化、人性化、信息化的道路,把行业层次推向一个新的高度,让所有衡器从业者产生了更多自豪感和更强的信心与力量。

其次,我们必须认识到物联网之旅的艰难曲折,我们要打消急功近利的念头,要避免认为,只要有了物联网产品马上就有超常的收益。要知道,让终端客户形成新的消费观念并非一朝一夕可以完成的,需要我们付出艰苦的努力。也要避免认为,有了物联网产品就可以马上黏住客户,从此一劳永逸。殊不知,客户的需求不断变化,而市场竞争日益加剧,创新永无止境!

推进物联网战略,需要试错开拓精神,更需要超高的市场洞察力和敏锐的嗅觉。我们还要避免认为,物联网仅仅是一个产品智能化改造过程。事实上,物联网更强调所有参与者的自我否定,包括组织体系、营销团队、经销商管理、服务方式、人员素养、企业领导力等方面的全面否定,整个企业的管理体系都需要升级再造,在更深的层次,还要进行企业文化重塑和组织变革。这意味着,我们每个人都要发生深刻改变,不能再像过去那样做事和思考问题了,这是多么大的挑战!而为了让物联网战略落地,我们必须接受挑战!

此外,我们还要避免认为物联网战略是多家共赢的结果,舍弃,可能是我们不得不做出的痛苦抉择。对总部来说,要放弃一部分客户和既得利益;对合作伙伴来说,既要承担物联网销量增长的巨大压力,又要研究消化物联网成本、赢得市场收益的办法。一旦无法获得终端客户的持续服务费用支付,我们只能依赖合作伙伴扩大产能,通过差异化、集成化获取收益去弥补物联网产品的成本。倍增的压力鞭策我们在煎熬中孜孜不倦地寻求新的商业模式和创新赢利模式,而拥有崇高的理想、远大的目标和坚定的信念,才有勇气直面挑战。

面对物联网带来的新机遇和新挑战,我们首先要把自身企业经营和产品层次提升至新的高度,同时又要不断挖掘市场需求,在竞争中不断克服困难,去迎接每一次挑战。

当然,推进物联网不是一个人的奋斗,需要我们所有"物联网人"相互认同、相互守望、风雨同舟。在物联网文化建设中,我们通过研讨会、客户现场会、专题服务培训,以及专门杂志媒体及微信群,进行案例分析和理念共享,"同一个物联网梦想,同一支物联网团队"是我们的信念与力量之源。

为了实现共同的理想,所有物联网合作伙伴都应作为物联网大家庭的一分子,不能让客户失望,也不能让团队其他成员失望,要将大家对自己的期望转变为激情和活力。为了激活每个潜力,我们不仅仅对销量超前完成的合作伙伴给予表彰和鼓励,也要帮助落后的合作伙伴进行分析并提供资源支持,鼓励他们朝着物联网战略目标不断调整、不断投入来发挥更大的作用,以取得相应的业绩。

此外,在总部内部,所有部门都应打破壁垒、消除障碍、围绕战略、敞开心扉,在物联网大家庭中,将阻碍减小到最低程度,体现与高素质人才共事的愉悦,体现为终端客户带来价值的快乐,体现为个人与公司一起成长、实现人生价值的喜悦。

"前途是光明的,道路是曲折的",纵然千回百转,我们依然热爱,为充满情怀的理想坚持不懈。纵然我们会面临暂时的销售困难和财务利润压力,但我们依然怀揣信念开辟道路,走向胜利的终点。

### 四、塑造物联网未来

我们必须贴近市场,将工作落到实处。我们要求每个业务员每天至少走访三家以上的客户,每周一小结、每月一总结,重点是发现终端客户痛点和客户需求,进行持续跟踪的总结,它的意义超越了业务订单本身,为后续业务增长创造了机会。

我们要求合作伙伴的企业负责人每月有十天以上的时间深入一线面对终端市场,通过与终端市场客户交流,不断反省,探讨物联网商业模式和产品改进。同时,要实行扁平化管理,以确保市场信息不失真,以务实和创新心态去实践物联网战略。从一线获取的市场信息要通过每旬小结和微信群、每月总结源源不断地反馈给总部及其他合作伙伴,以便不断改善我们的产品、市场策略和创新商业模式。

我们必须重视发挥每一个员工的作用,尤其是发挥每一个在市场一线听到炮火声的"地头力"员工的作用,倾听年轻人的心声,并且提供内部创客化机制和基于绩效独立考核制度,让优秀的年轻物联网团队成员发挥先锋队员的作用,在物联网事业平台上实现他们的梦想和人生价值。

我们必须把产品做到极致。通过人才引进和技术合作,尽快开发仪表电脑化技术平台和项目，开发无人值守体系，开发有稳定清晰视频图像功能的产品，开发自动结算和交易产品，开发多种物理量自动识别故障产品，开发数据安全准确最大限度防作弊产品等。开发这些产品的所有灵感，都来源于市场的真实需求。未来最大的核心竞争力是准确洞察和快速响应客户需求的能力，这要求我们尽快掌握市场需求辨别、准确测量、资源聚焦、快速反应的能力，以提升核心竞争力。

物联网战略将对中国称重行业产生深远影响，我们必须通过战略联盟和资本运营，通过战略协同和虹吸效应，通过开发长板补齐短板，通过强化优势业务和剥离非优势业务来重塑行业生态圈，围绕能力体系重组，形成行业格局，构建物联网战略落地的顶层线络图。

柯力的物联网战略已进入关键阶段，全体柯力人和柯力物联网合作人将保持创业、归零、创新心态，秉承"深入、极致、快速"的物联网理念，通过艰苦的工作，跨越一个个障碍。我们有信心在物联网道路上不断听到铿锵有力的战略落地的脚步声。

＊　＊　＊

# 物联网技术服务公司建设与发展方略

物联网技术服务公司是物联网战略的重大载体,承担着不断提升市场占有率、不断创新商业模式、不断树立市场口碑的重大任务。物联网技术服务公司建设,是物联网战略落地的核心。建设与推动物联网技术服务公司不断发展,需要在以下几个方面持续发力:

一、业务体系改革

一是扩大直销团队力量,迅速扩大销售队伍。实施物联网战略,需要直面终端市场,掌握市场第一手资源,不断开发客户需求,这对人员的数量和质量要求都很高。因此需加强物联网市场推广人员的招聘、培训工作,同时还要尽快建立薪酬激励、绩效考核制度,以及信息反馈流程、业务流程、客户投诉处理流程、危机公关流程等具体管理内容。

二是培植经销商体系,寻求一定区域内志同道合的经销商,开展物联网推广培训,明确物联网推广前期及中后期包括期权奖励在内的激励措施,并构建经销商服务体系和市场信息互动体系。尤其是对经销商的升级改造和售后服务,给予技术、产品定制、退货调换、区域价格等多种优惠政策,充分激发经销商推广物联网产品的积极性。

三是协同整合中小型制造商。争取把一部分中小型制造商优先作为合作伙伴，优先作为区域内合作的经销商或制造商，通过股权合作、渠道合作等途径，让一部分小型制造商转变为物联网合作者。

四是打造计量或第三方体系渠道。通过计量系统建立设备防作弊、检测体系合作，通过与第三方如软件公司进行市场渠道融合，通过对存量产品的市场改造及工业品消费升级，建立更为宽广的市场之路。

二、重塑制造和服务体系

在物联网技术服务公司背后应有强大的制造和服务体系，尤其在制造领域上，必须做大做强，形成相对于竞争对手的规模与效率优势，进而形成压倒性成本优势，以立于不败之地。具体做法是：

一是分为差异化的多条生产线，在增大数量的同时追求质量，在扩大市场占有率的同时追求品牌美誉度，在兼顾近期利益的同时追求长远利益。

二是拥有从数控切割到抛丸等一系列完整生产设备，当然，对低端生产线可以选择使用部分工艺。

三是建立物联网标配的产品定制与个性化体系，包含无人值守体系和称重软件体系。

四是运用物联网大数据分析，建立设备选型的最佳方案，建立与行业或使用环境相适应的产品制造体系。

在服务提升上，要充分利用服务管理软件，建立对每一次服务、每一台设备、每一个客户全方位流程服务体系；此外还要建立配件管理体系、服务满意度调查与分析方法、服务车辆油耗及路费监督制度、服务人员分级奖励政策等。同时也要购买检衡车、服务车辆等硬件。通过一手抓软件、一手抓硬件，促进服务质量的提升和成本的优化，实现服务效益最大化。

### 三、变革财务和公司流程结构

新物联网技术服务公司成立，标志着服务公司与柯力管理资源全面接轨，走上与其原来的合作伙伴不一样的道路——将成为柯力IPO下有着规范的财务管理、流程结构的符合现代企业制度的公司，并纳入柯力的内控体系。在财务管理上，对销售收入、成本、三大费用、营业外收入与支出、纳税、成本结算等科目的会计处理都必须符合IPO的财务要求，同时也必须接受柯力审计部的审核。当然，新的物联网公司仍将在注册优惠、软件退税、成本控制、政府补贴、税收优惠上有着更大的优势。

同时，新物联网公司的股权结构要尽可能考虑原来合作伙伴的区域性特点，争取覆盖区域内的核心力量，激励核心经销商和制造商进入新物联网公司的流程结构框架内。从后续发展看，新物联网公司将更多地依托增资扩股的形式来实现经营提升和成长发展。

### 四、促进合作伙伴质的变化

一是柯力将合作伙伴视为战略伴侣，在资金、技术、产品定制、区域保护、服务协同、人才引进及招聘、人员培训、制度借鉴及执行、市场需求联合开发、标准化软件及专利申报等诸多内容上给予最大支持。

二是合作伙伴也将充分利用柯力平台，做强做大原来的产品体系，建立物联网销售渠道，倾听市场声音，与柯力共舞，共同满足市场需求。

三是发挥"1+N"新作用。通过不断创新与变革，加速产品迭代，快速推动市场互动与投放市场过程，在市场开发中相互抱团合作，在成本管理中打造优秀供应链，在制造工艺中向更高端产品迈进，在资本运营中推进战略，在分享管理经验中共同进步，使物联网公司成长为区域内优秀的公司。

四是利用IPO和资本杠杆，继续积累更丰富的产品线。

现在，柯力物联网正站在工业4.0的风口上，我们必须聚精会神、全力以赴迈开大步向前走，实现柯力战略和合作伙伴的重大转型，为行业变革和民族产业的振兴贡献自己的一份力量！

\* \* \*

# 物联网子公司发展战略

经过半年多的市场推广,物联网产品应用正在蓬勃兴起,与此同时,物联网子公司面临着后续进一步起量的巨大压力。为了实现物联网战略,我们必须迈过这一道坎。各物联网子公司要抓紧时间做好以下几项工作:

一、建立强大的直销团队

当前直销团队建设,重点要做好以下几件事情:

2017年2月,柯力物联网华南区域座谈会

一是培植核心的产品销售经理。产品销售经理的任务是理解并吃透终端市场对物联网产品的真正需求,掌握物联网产品的数据准确性(即防作弊性)、数据及时性、数据服务性、大数据分析应用性、数据隐私保密等特性,并以老带新,保持新业务员常规动态储备1~2人,打造物联网产品直销团队。

二是利用总公司培训平台和微信平台,随时更新迭代开发新产品知识,供业务人员学习,并通过实践操作及理论考试来总结提升自我。

三是"在水里学游泳"。业务人员要走到用户中去,讲述物联网产品的优点及应用案例,倾听顾客的声音。同时业务经理要及时组织好复盘工作,把成功的营销实例予以总结升华并提炼出典型案例,把不成功的原因分析研究透彻,帮助后进业务员改善业务操作方法,将成功经验和失败教训转化为新的订单,从而促进团队业绩增长。

四是建立更具有挑战性和激励性的业务政策,包括业务提成和超额利润分成。同时建立合伙人制度及期权激励政策,使优秀业务经理成为物联网子公司的股东,促进他们与公司共同成长发展。

二、建设畅通的经销商团队

经销商是主导商业流通的关键环节,物联网子公司为了起量,建设并壮大经销商团队是必不可少的工作。同时,还要不断创新并优化操作流程,全力以赴支持经销商完善其基础设施、系统工程和人力资源,提高其发展能力,使之成为行业中的佼佼者,进而更加广泛地拓展商机。现阶段,物联网子公司急需做以下工作:

一是寻求志同道合的合作伙伴,并签署相关的经销协议,明确对经销商的资源支持,同时赋予量的责任。经销商团队应覆盖至地市一级或经济发达、老设备存量大的县一级区域。

二是推动中小衡器厂向经销商转型。转型后中小衡器厂不仅仅经销设备，更重要的是，提供设备销售后升级改造和现场数据服务，提升设备智能化和信息化。

三是设计好经销商促销政策，通过量积返利、运费折扣、广告投放、免费培训、核心配件质保期间免费维修、易损件免费赠送、检衡车支持、软件开发协同支持、产品定制、服务人员支持、一定信用额度内的资金支持等多种方法，引导经销商使用物联网产品，建立适用于经销商的物联网赢利模式和持续改善并不断扩大市场份额的竞争模式。

四是建立与经销商良性互动的信息反馈模式，鼓励并要求经销商多参与物联网产品迭代开发的过程，引导经销商不断挖掘市场需求并转换为产品或商业模式创新。同时也要关注经销商与制造厂商的市场冲突，建立协同处理问题的沟通与预防机制，建立透明的合作关系，真正实现共赢互利，促进双方共同进步和持续发展。

### 三、建成与总部互动的资源共享体系

一是参与总部的产品研发。怎样培育客户从"粉丝"到"铁丝"从而成为一生伴侣？满足客户痛点需求的产品是不可或缺的纽带。物联网子公司要利用更贴近客户的优势，通过新产品立项反馈、新产品投放市场信息反馈、月度总结报告、微信平台信息及每季度物联网研讨会等渠道，把终端市场信息源源不断反馈到总部的研发中心，把产品开发需求及质量要求明确告诉研发人员，使产品的迭代开发更适合客户需求。

二是利用总部物联网战略五大中心（数据中心、研发中心、资源中心、智能制造中心及服务中心）资源为子公司服务，取信于终端市场，领先于竞争对手，明明白白把柯力实实在在的物联网战略落地措施展示于终端客户面前。

三是利用总部的各类新产品，如专门为质监部门研发的W1505体系、带

有视频图像的 W1601 体系、地上衡物联网产品、全自动无人值守体系、10.2 英寸大屏物联网仪表、带有 Wi-Fi 的物联网产品等，应用于细分市场，使产品与销售策略合二为一，将各种专用特性产品推广并应用于物流、畜牧业、粮食、建材等多个行业，不断扩大物联网产品的市场空间。

四是共享各个兄弟子公司的成功案例。总部利用样本、视频、认证、培训手册、《柯力人》杂志、大数据分析平台、物联网产品中心新闻发布、维保信息反馈平台等，建成母子公司畅通的资源共享体系。物联网子公司可透过这个体系，随时获取行业最新资讯，了解最新的物联网产品商业模式和营销的策略与方法，并应用于终端市场一线。这既为子公司节约了资源，又可为物联网产品市场推广增加智慧能量。

四、建筑更广阔的共同发展大厦

柯力母子公司携手并进、协同发展，是物联网战略落地的关键。我们要怎样做呢？

一是通过物联网战略产品，形成战略合作伙伴关系。柯力将致力于提升合作伙伴崭新的产品层次，包括产品差异化、产品系列化、产品智能化、产品信息化、产品服务化，逐步实现子公司产品线与总部产品线的资源共享。将总部研发、资本运营等获得的新产品线应用于子公司市场渠道中，实现母子公司协同发展。

二是提升子公司管理体系。内容包括：

在业务人员资源管理中，提升直销团队招聘、面试、培育、培训、薪酬等管理水准；

在财务管理中，进一步规范成本核算，加强费用控制，加强税收筹划，例如争取更多税收优惠、所得税中研发费用加计扣除、软件退税等措施。通过合理避税及争取更多政府补贴来为子公司赢得更多利润；

在服务管理上，共享总部与兄弟子公司之间的服务资源，进一步优化服务成本，提升服务的预防性、及时性、准确性，以更好地满足客户需求。

三是塑造子公司新的商业模式。具体做法是：

通过实施差异化成本战略，打造性价比最佳的衡器产品，以求量来满足中低端客户及经销商要求，以求质来满足中高端客户和物联网客户需求；

拓宽产品系列，延长产业链，逐步从制造业走向服务业及信息软件业转型，深度挖掘终端客户潜在需求，建立"经营差异化＋产品系列化＋制造服务化＋信息软件化"的"四化"赢利模式；

促进子公司对人力资源及产品研发、市场渠道的投入，建立良性循环机制。

四是建立母子公司新型战略合作关系。双方合作的立足点不仅仅在于物联网产品，还在于全面产品体系；不仅仅在于物联网商业模式，还在于全面资本合作模式；不仅仅在于短期物联网产品代理或销售，还在于长期稳定的合作。

今天物联网子公司刚刚萌芽，离落地生根还有很远的距离。我们务必保持进取的精神，努力打造衡器行业的产业新价值；我们务必保持谦卑、务实地为终端客户服务的态度，来赢得市场。

物联网之路，任重而道远。我们必须全力以赴、孜孜以求，在这条新的道路上奋勇前行！

\* \* \*

# 服务创造价值:物联网服务体系建设新理念

自柯力物联网战略推进至今,已有多台物联网仪表产生销售并实际运营,并获得了不少经验,但也暴露了一些问题,因此,有必要对物联网产品售后服务体系进行总结并进一步规划。

## 一、服务的本质是创造价值

千万不要以为服务就是维修,就是售后设备的故障排除,就是做好客户回访,并把客户的不满意或投诉处理好,这是过去产品经销时代的服务理念。在今天的物联网时代下,服务的最大价值来源于客户的服务体验,来源于客户对价值的理解。

所以,我们要站在客户的角度来看待问题,创造性服务,用心和创意给顾客带来超值体验、惊喜甚至感动。它包括:了解并明确顾客的需求,细分不同客户的个性化需求,挖掘客户潜在的核心需求,提供超客户预期的产品与服务,以差异化服务为客户带来意外惊喜,等等。

为了给顾客带来超值体验,我们需要全面提升产品、技术、管理与服务,还要建立完善的客户反馈流程,随时知道自己做得好与否,有哪些需要改进的地方,尽快提升自己以满足并超越客户需求。

服务与产品是平行关系。不能用服务来弥补产品的不足,产品也不能代替服务的功能。服务一定要带来增值,否则毫无意义。因此要把业务人员与服务人员置于同等重要的地位。服务人员要作为业务体系的组成部分,在业务拓展中发挥重要作用。为了提高业务人员的素质与服务水平,我们要做好以下几点:

其一,改变对服务人员的传统观念。未来的服务,尤其是物联网产品的售后服务,添加了两个新内容:每年的服务费用收取及新的增值点的发现,服务部门转换为业务增值部门。这对服务人员的素质提出了更高的要求,因此,在招聘及面试时,必须提升服务人员的起点,服务人员同时要具备开拓业务的能力,至少要有了解客户需求、把握业务机会和处理客户关系的能力。

其二,提高服务人员的"地头力"(快速反应和解决问题的能力),提高服务部门的牵引力。以用户体验为核心的创新是物联网发展的灵魂。创新的灵感从哪儿来?最初的源头必然是源于客户的需求。服务人员直接面对市场、面对终端客户,可第一时间了解需求信息。而服务部门要透过客户服务中心会议,及时反馈客户的显性或潜在需求,借此带动产品的迭代开发,拉动公司各个部门资源集中优化配置,以便更好地为终端服务。

其三,完善服务人员收入体系,调整服务人员奖金结构。适当下调服务人员相对固定的奖金,每年把客户服务费用收取及增值服务创造作为服务人员奖金新的组成部分,总体上通过优胜劣汰,不断提升服务人员的能力与价值,并激励服务人员为客户服务并创造价值。

其四,建立新的物联网服务流程。再造服务现场,全面改革现有服务体系,树立"全员服务、服务升级、服务创造价值"的全新理念。

二、服务体现物联网的本质

物联网的本质是服务。正是通过物联网,服务无时不在、无处不在。物联网将人与物等各种资源联结在一起,归根结底是为了给客户提供更好的服务。在服务中,服务质量是关键。那么,我们要怎样服务好我们的客户呢?

其一,在产品端上要提高对故障及作弊的预警,对传感器、仪表、衡器、成套设备等各个环节可能影响数据准确性、及时性、分享性的因素要有预防措施和应急方案,并做好信息收集,体现物联网人机对话的严谨性和品质可靠性。

其二,从技术端上,建立故障真假、真故障中疑似作弊、疑似作弊中真正作弊三重奏的层层剥离方法,找到真作弊的信息,以每日短信或微信方式推送,告诉合作伙伴和终端客户存在的作弊风险,并提供解决方案。同时针对作弊漏洞,反向推进产品技术迭代开发及修正服务模式,直至终端服务目标使用零故障。

其三,加强大数据分析。根据大数据汇总每个合作伙伴及终端客户的每台设备属性,了解每台设备实际运营过程中的所有系统故障并准确分类,核实疑似作弊和真正作弊。了解每台设备故障点、重复多次发生点,服务团队据此提供解决此故障点的产品经营方案、产品重新选型方案、用户改进升级方案、使用注意事项等不同的服务方案,从而体现物联网产品服务特色。

其四,在分析多个故障点、总结经验的基础上,变事后服务为事前服务,变故障报警为预防故障,培育终端客户的产品使用习惯,提升设备厂商的制造品质和能力,提升不同行业、不同环境下客户产品选型能力。同时,对常见故障通过软件自动升级的方式进行远程维护及提醒,从而节约服务成本,以便将更多资源运用到丰富服务内容上。

### 三、服务体现柯力及合作伙伴的管理水准

物联网产品服务对柯力的管理提出了新的挑战。迎接挑战的方式是适

应物联网的应用环境,在管理中植入更多的服务功能,在服务好合作伙伴的基础上,提升客户服务质量。

其一,总部提升对子公司的服务水平,推进服务管理软件的应用、推广、总结完善。每个子公司都要求安装应用此软件,服务管理软件中包括客户基本信息库、常见故障产品库、专业培训、专业学习、客户回访信息库、服务记录单、服务形成增值记录单、设备生命周期表、客户满意度表、客户忠诚度表,根据服务软件自动生成每个列表的每日总结,同时上报合作伙伴总经理及总部,逐步规范服务。

与合作伙伴走访湖南客户现场

其二,加强子公司的服务管理水平。子公司要改变对服务人员的管理理念,再造服务人员培养体系,对客户服务也要重新定义,赋予管理功能,包括对 PC 端及需求端的故障报警和疑似作弊报警,要及时通知客户或子公司人员确认,一旦故障或作弊得到确认,要在 15 分钟内启动相应的应急方案,包括客户自身现场调整、远程维修及调整、派遣驻点服务人员赶到现场处理等。这样,根据一次次服务经验,总结概括出客户对产品、技术、服务的新要求,为总部及子公司产品进行迭代开发和管理与服务创新提供依据。

其三，设计好电话访问、沟通平台、维修平台、现场拜访各类表单，培训服务人员如何与终端客户沟通，指导服务人员找准关键人包括产品的直接使用人和关键决策人、找准客户需求。激励服务人员把终端客户需求转化为增值服务。同时要求总部及子公司中高层更重视存量市场改造升级，重视服务含金量及示范带动效应，重视终端市场满意度及更深层次的忠诚度。

其四，建立二级或三级服务体系。要求经销商在服务过程中，引用沟通平台或微信平台，确保流程的完整及信息的保真；构建服务信息验证及汇总分析体系，逐步建立高效、完整的服务及业务增值体系；建立与总部、子公司互动的良性循环机制；建立有效的督导、激励、提升机制。而所有的这一切，都是为了最终建成既发展新客户应用物联网又影响老客户忠诚于物联网的双重增长模式。

四、服务就是提升客户忠诚度

首先，低价与折扣并不能留住客户，免除流量费更不能留住客户。在传统营销模式下，产品质量、价格、性能和及时现场服务是提升客户满意度的核心手段和方法，但在物联网时代的今天，产品与简单的售后只是吸引客户的前提，却不是培养忠诚客户的终极解决方案。因为我们能做的，竞争对手也能做，传统的营销方法不能让我们摆脱同质化竞争。只有透过物联网，深潜到客户内心，找准最敏感的触点，并服务于客户的快感需求，才是提升客户忠诚度的最关键因素。

在物联网公司终端市场上，谁是真正的回头客？因为价格而回头的是买主，因为质量而回头的是用户，因为喜欢而回头的才是"铁粉"。为了赢得"铁粉"，我们要对物联网服务客户进行细分，找准各类客户最迫切的需求。例如，大中型企业的兴趣在于信息化集成及丰富的服务内容；小型企业对数据实时分享有要求；设备使用量大的客户要求减少待机时间，提升设备使用效率；环境特殊或恶劣的客户要求数据便捷及监管放心；新生代企业领导者对新事物有较高热情和认可度等等。针对不同客户需求我们对症下药，切中痛点，提供服务。

在物联网服务过程中，我们还要关注不同客户需求的生命周期，即客户在不同发展阶段对物联网产品产生的不同需求。我们必须紧跟并敏锐感知客户的新需求，及时响应，提供定制化、个性化服务，通过严谨的服务流程和敏锐的服务触觉来跟随客户步伐。

为了提高服务效率和服务竞争力，我们要把 PDCA 循环及闭环原则应用于客户生命周期，要从单纯的直线型客户服务流程转化为微信、沟通、现场、电话等多维沟通渠道，搭建与客户循环互动的闭环——认知、合同、交付首次服务、连续服务、于同一矩阵中构建完整连贯一致的个性化客户体验图、再次购买。这需要总部和子公司、经销商协同建立理念一致、流程规范、文化创新、管理到位的物联网服务体系，在今后几年，这是柯力及合作伙伴努力的方向。全体柯力物联网团队，包括子公司、经销商必须理解这一文化，通过建立制度、流程、表单构建客户沟通标准化及信息传递及时化体系，实行大量人员招聘、面试、培训体系，从而让客户认可柯力及合作伙伴打造的物联网服务金字招牌，从而提升客户的忠诚度。

在服务过程中，我们要认清客户需要与需求的本质区别，需要是客户明确希望得到的结果，而需求是驱动需要的深层价值或好处。从工业称重设备看，客户需要是一台称重设备，而需求是准确及时的数据，并且这些数据为客户企业带来经营上的实际效益，让客户愉悦和产生充分依赖感。

在物联网服务中，设备性能、价格、服务礼仪、公司品牌及员工服务，不仅是为了解决客户需要的，而且是必须的。那么，我们用什么满足客户的需求呢？主要从这几方面着手：在产品层面，如防作弊故障分析，数据与 ERP 衔接，App 的简洁明快、图像与视频等；在经销商层面，如改造旧产品回收、独家渠道，总部及子公司的响应态度、速度、改善产品力度等；在子公司层面，对其设备制造成本控制及战略提升，产品性价比、服务费减免等。这些都是为了作用于客户的核心需求，而这一切都基于细分市场的更具个性化、定制化服务，打造与终端市场需求相一致的完整服务体系，牢牢抓住20%左右的高附加价值。其终极解决方案，既不是产品也不是服务，而是为不同终端市场客户提供从外到内、与细分市场客户出发点保持一致的新的方案。因此，在物联网时代，我们不是一锤子买卖，而是寻找像钉子一样的问题，并顺应客户内心的呼声，为客户拔掉"钉子"。

物联网服务有别于传统服务的一大特点是：与终端市场客户协同创新。创新从倾听客户的声音开始，辨别细微但对未来至关重要的需求。也许今天并不存在，未来却是决定我们物联网战略生死存亡的声音。因此，我们必须建立提升客户忠诚度的制度，联合合作伙伴及客户共同建立愿景，建立一整套市场调研、测量、捕捉、资源整合优化、激励机制，逐步打造出崭新的柯力物联网服务文化体系。在物联网时代背景下，我们只有迅速行动，完成文化再造和制度升级，才能赢得先机，将物联网战略推向成功。

\* \* \*

# 非衡物联网的发展方向

目前柯力物联网战略正在经历从量变到质变、再到裂变的过程,从传统元器件跨越到称重物联网企业,又不断朝着工业物联网产业发展,非衡物联网的发展在未来将处于核心地位,为柯力物联网战略大厦提供框架结构。有了它,柯力才能真正成为物联网公司。无论是IPO还是自身战略转型需求,非衡物联网都将成为柯力的发展支柱。

对于非衡物联网,我们将在以下六个方向上发力:

一、抓好公路超限信息采集取证物联网体系

公路超限信息采集取证系统是不停车检测系统的一个组成部分,由不停车称重设备、车辆外廓尺寸检测设备、车牌识别及出牌设备、车辆检测器、视频监控设备、信息发布设备、交通标志、供电与防雷设施、现场控制机柜、信息采集处理与网络传输设备、不停车超限检测区及其他附属设施构成。

上述信息系统将从治超站通过数据整合打包,以车辆为单位发放,将实现PC端和手机端的物联网联网,实现现场信息随时调取、查看,实时监管和数据分享,也为后续大数据分析奠定基础。后续柯力将开发传感器故障、内码、个数、每个通道超载记录、每次疲劳次数等物联网产品内容，积累并建立起传感器故障分析和自故障判断、自动报警体系，为不停车检测系统的准确性和实时服务性提供依据。目前柯力已在全国陆续安装了十多个车道，很快将再安装几十个车道，逐步为公司不停车检测系统编织物联网。

二、抓好集装箱计量及安全监控物联网体系

集装箱计量物联网是基于集成闸口称重，不增加作业环节对集装箱进行称重，并且将信息全部传输至码头或用户指定的计算中心，实现数据联网、排除干扰因素。柯力的系统将开启传感器及钮锁自动故障报警，实现称重计量物联网和设备自动化，对整个称重计量过程实现超载显示和报警、偏载显示和报警、防集卡挂起保护、钮锁脱钩保护、传感器自故障预警、钢丝绳安全监控等多个功能，并将数据发送至海关、交通、海事等多个监管部门，以及港口码头、贸易单位、物流、货主等多个数据需求部门。

集装箱物联网，不仅可满足铁路安全运输和港口码头设备管理的需要，更是交通部集装箱超载治理的需要，也是海关集装箱监管的需要。对进出口货物及其车辆实施称重，是海关打击和防范利用伪报、瞒报等手法逃避监管行为的有效手段之一。确定进出境货物的实际重量，核查进出口货物实际重量与申报重量是否相符,确保对进出口货物的实际监管。

集装箱计量物联发展存在巨大的潜力，国内目前有两亿两千万个左右的集装箱，其商业模式包括按起吊次数收费及收取配件维修费用，也包括每年物联网运营费和软件更新开发费用。可见，从称重计量走向港机设备安全检测物联网，存在着广阔发展前景和巨大盈利空间。

三、抓好混凝土生产和出入厂计量物联网体系

混凝土出入厂应用衡器物联网将重点应用防作弊体系和实现计量数据

随时监管,同步实现与工地的结算支付。在混凝土生产过程中,通过对传感器、仪表故障报警与分析,提升生产工艺配方的严谨性与成本控制;通过现场操作可视化及视频传输监控,确保物料的正确性,还可解决堵件问题,实现混凝土生产过程效率与品质的控制。

此外,通过对物流车辆整个过程信息备注,在物流交货过程中实现数据实时分析及共享,解决调度中工地压车问题,提升车辆周转率;解决工地断料和导航盲点,从而规范司机行为和降低运营成本,提升物流效率;通过混凝土计量物联网与 ERP 管理体系协同,实现生产有序化和集团资源优化利用。

目前,我们需要加快推广混凝土行业物联网的步伐,积极寻求国内合作伙伴一道开拓混凝土物联网市场。

四、抓好起重机械物联网

目前起重机械设备只有质保期,没有工作时间及起吊重量的统计,导致起吊设备维保没有数据分析,只能凭经验判断,难免存在故障隐患甚至安全隐患。尤其是起吊钢丝绳的磨损情况关乎生命财产安全,因此建立起重机械的生命周期监控十分必要。而起重机械物联网将对设备运行时间和累计起吊重量具有超载记录功能、远程标定功能、远程软件升级与察看功能、记录可查询功能。该系统重点监管设备使用用户操作规范化,为设备维修提供量化依据,实现设备故障预警,尤其是对钢丝绳及起吊器具的安全可靠方面提供数据支撑。

在第二阶段,升级后的起重物联网还将增加多种功能,包括传感器故障报警、与行车控制系统 PLC 连接、可通过控制系统(包括视频)反馈,监控多种状态包括连锁保护状态、抗风防滑状态、行程限位状态、运行动作状态、运行制动状态、运行纠偏状态、操作指令状态等,使监控的全面性、准确性、及时性得到大幅提高。

### 五、抓好海洋工程装备物联网体系

柯力联合国内著名高校和企业共同对海洋石油高端装备开发、LNG高端设备开发、水下生产设施技术开发、大型结构非滑道模块化建造技术等方面，进行现场在线检测和信息化平台物联网建设。预计在两年内建设深海大型采油设施高精度称重成套装备、面向深海开发油田的大型发电机组动力负荷测试成套装备、深海大型采油设施牵引移位装船成套装备、大型结构物型钢机器人生产线、LNG管线机器人生产线、大型结构物滑移装船码头受力主动控制成套装备等，并将这些装置通过多个物理量传感器状态监测和发射，形成海工装备的数据中心建设。在海洋特殊情况下有效开展海工装备对设备使用寿命的研究和故障大数据分析，定期检测和维保设备，提升设备安全性和可靠性，为国家海工装备智能化贡献一份力量。

### 六、抓好注塑机等工业装备物联网

传统的单机封闭系统将被先进的智能化联网化生产系统所代替。生产中的信息数据将通过基于网络协议的硬件采集进入软件中控系统、数据服务器或云端，进行生产数据分析、质量分析、设备效率及故障分析等，为生产决策提供更多的数据支持。依托有着多年经验的注塑机制造团队，服务于注塑、冲压、压铸、机加工等混合制造行业，为客户提供专业的制造业生产过程管理的优秀产品和解决方案。通过后台数据整理分析，为定制订单、生产排产、设备管控、过程监控、统计报表环节提供实时准确的数据支持。而手机端的应用为客户远程了解工厂生产订单、设备工作状态提供及时准确的服务，对产品的质量追溯体系提供完整可靠的数据记录。

当前，非衡物联网正在快速成长，在物联网整体环境中如幼苗初绽，正拔节向上。全体柯力人及宁波工业物联网产业园区必须保持积极的心态、敏锐的目光和坚韧的意志力去发掘、去培育、去灌溉，为形成物联网丛林而不懈努力！

\* \* \*

# 衡器物联网大数据应用的原则与策略

中国制造业要从粗放走向精细、从制造走向创造，离不开大数据的挖掘和应用。更多数据资源的运用和共享，促进了创新资源的自由流动。大数据未来将成为企业的核心资产，洞察数据背后的本质，挖掘数据的潜在价值，利用大数据了解自己在市场中的位置和创造差异化，对于企业提升竞争力和战略布局具有重要意义。

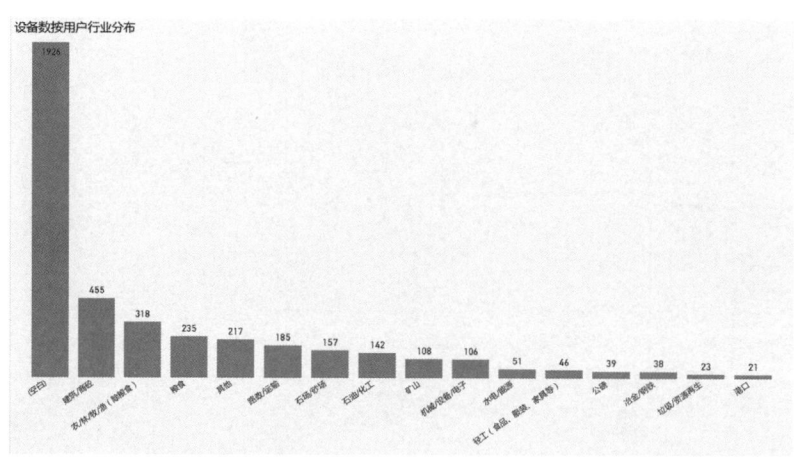

设备数按用户行业分布图

大数据应用要遵循以下原则：

一是遵循实时（real time）、适时（right time）、全时（all the time），才能组成一个高效服务系统。

二是数据价值必须来自场景，知道用户是谁决定了企业数据收集行为的意义。

三是在业务目标与信息缺口上，明确收集方向。在信息质量上，需评估信息整合难度和数据源头的质量；在数据应用后，关注使用情况及在场景中的反馈结果；在数据缝合上，必须关注细节，形成信息收集、分析、整合的优化过程。

四是大数据本质上是对客户需求，尤其是对客户内心深处潜在真实需求的一个量化过程，如同"无中生有"，需要进行充分的观察、理解、收集、提炼。

五是大数据必须是共赢的，要利他又要利己，共利共赢。当利益高于竞争时，数据共享就容易实现。而满足双方或多方共同诉求的关键是找出客户痛点，并找到解决方案，不断迭代开发产品与服务。应用大数据解决用户问题时，必须保持对小样本、小数据的敏锐性，不放过隐性偏差，也不迷信大

物联网数据中心

数据,确保数据本源真实,确保应用场景的质量。

六是数据与业务密切有关,数据集成应适时反映业务变化,如果发生断裂,数据就会失真,影响对市场、对客户的判断。数据质量不仅是技术部门的事情,更是业务部门的事情,甚至是整个公司的事情,需要我们共同努力。

七是平时要通过数据收集和汇总,找出用户核心需求数据量化的计算和获取方法,以促进客户数量的快速增长,提高客户的活跃性和黏性,并通过创新服务,留住核心客户。

在上述原则情况下,衡器物联网大数据应用还要重点考虑以下几个问题:

其一,考虑用户的需求点。对于终端用户来讲,数据实时共享和准确性是用户的一个痛点,数据信息化也是用户尤其是大中型企业用户的刚性需求,因此,确保数据的准确性和信息化是分析工业衡器用户大数据的出发点。

为了满足客户对数据的准确性和信息化的需求,第一步就是要做好数据的收集和汇总工作,这既包括对称台自身应变情况的监控数据、基础变化数据、环境影响数据,又包括传力机构影响数据、传感器内码和零点变化数据、传感器所处环境影响数据、接线盒内部环境数据、总线和仪表工作状态数据,以及可能影响准确度的各类大数据,应注意收集和汇总,不断试验及读取现场样本,逐步形成大数据分析。

同时,对数据进入用户信息化管理系统的应用,以及应用后的反馈,也要进行大数据汇总和分析,对数据准确性有问题或应用上有问题的用户,进行微信平台提示和沟通,以确保大数据的价值有效性。这也要求业务部门、设备用户和终端用户保持有效的联络沟通,倾听用户声音,将用户的需求通过周报或月报方式反馈到大数据分析部门,对用户可能潜在的需求进行进一步挖掘和提炼,形成有价值的数据。

对于设备制造厂家来讲,其痛点是如何以最高性价比的产品和服务提炼终端用户的价值,他们对大数据的需求既包括设备应用于不同行业客户归类、不同类型需求点客户分类、不同环境下制造差异化选择，也包括用户使用过载情况数据分析、使用频率分析、使用季节影响、在线离线情况、用户使用设备数量和连线汇总需求数据、设备维修保养记录和服务质量数据；还包括设备类型和衍生的附加价值功能，即根据大数据分析结果，对终端用户使用称重设备的二次价值进行发掘和应用跟踪，形成用户购买行为，延长产品链，实现衡器产品二次定义和价值链的形成，实现自身产品个性化场景定制和最优化成本结构。

其二，衡器物联网大数据应用要从源头上保证样本的准确性和代表性、衍生性。

在准确性上，要定义好数据库字典，其基础不仅包括 ERP、条形码建设，也包括产品生命周期管理（PLM）、数字车间建设。要有扎实和雄厚的基础数据管理，同时对输入 UI（用户界面，全称 User Interface）的部分数据要求必须按顺序顺位全输入，从数据源上保证仪表标定、设置、称重软件使用、服务器和整个设备初始化数据的完整严谨，其中包括确切的传感器个数、重量单位、小数点位数、行业、地址、用户名、首次使用记录、时间正确性、应用场景初始化等，要在软件设置和界面选择上下功夫，以便为大数据样本分析奠定数据技术支持。

在代表性上，对不同行业、客户类型、使用环境，都要有一定数量和质量的样本，重点研究不同行业客户量程和吨位选择，运用大数据反推称体制作工艺和附件选择的普遍规律；对不同类型客户，重点研究用户数据去向和价值度，以此反推信息化需求和防作弊、防故障需求；对不同环境客户，重点研究在不同应用环境下设备及核心部件选型和环境数据变化监控情况，为设备制造厂家研发产品提供依据，以保证设备的环境适配性。

在衍生性上，重点考虑无人值守的音频、图像合成、视频等人工智能技术与大数据的结合，考虑 TFT 屏界面、扫描枪、自然语言、摄像头所形成的大数据分析体系。

其三，应用衡器物联网大数据必须关注商业模式。大数据收集、分类、算法、提炼最终必须回归于用户价值。尽管称重数据之于终端用户、状态数据之于设备厂家都有利益上和安全上的困扰，只有当大数据分析提供给终端用户和设备厂家的利益大于他们对安全的担心，物联网的价值才能体现，才能深入运营。除了技术保障、购买保险等手段外，还要在商业模式上创新，才能使数据分析得以生存维持下去。

对设备厂家来说，在权衡利弊时，要登高望远、变革创新，在组织体系和人力培养、市场引导和产品体系调整、销售策略和跨界融合上，面向终端，进行坚持不懈的推广和标配操作。一要加强客户黏性，二要实现企业转型升级，既要重视眼前利益，又要发现客户的核心诉求，不断协同生态系统，朝着用户价值发现和沉淀方向前进。

对于柯力来说，把大数据分为基础性、挖掘性、定制性三大类数据系，分别针对不同的应用，落脚在产品上尤其是软件应用上，同时与设备厂商不断沟通与反馈应用的情况，在基础数据上做到完整严谨，在挖掘数据上以用户价值创新为追求目标，在定制方面做到生产组织方式转型和商业模式复制。

在终端用户方面，要建立合作伙伴关系，在不同行业、客户类型、环境要求上选择代表性终端用户，重点针对防作弊、故障报警、行业设备选型、多台设备联网、环境设备特殊要求等客户的痛点需求，进行大数据收集、筛选、分析、提炼，并运用大数据分析结果，满足终端用户的内心需求，为用户创造价值。

\* \* \*

# 不停车检测系统物联网发展思路

2017年不停车检测系统的多个车道产品陆续投入市场,为2018年物联网销售增加了重要的一极。不停车检测系统的入市,也标志着柯力从称重物联网衡器端逐步走向非衡物联网,而湖南SNK公司2018年的出货订单将为不停车检测物联网发展做出重要贡献。我们要抓住机遇,顺势而上,推动不停车检测系统物联网的大发展。

一、夯实基础管理,抓紧落实各项工作

在人力资源管理上,要按照全年订单,尤其是上半年的订单分解,建立规范的安装人员工时标准和物料采购周期;结合资金流量可行性,做好每个车道的人员规划和管理检查人员的职责落实,对每个车道的安装周期、工时标准、物料合理存量、物料采购供应商、工装设备、工艺路线做出书面标准化清单,并由所有相关部门共同会签确认,从而建立一整套严谨的标准化操作系统。

在研发和设计源头上,必须健全标准化BOM物料清单体系,所有订单都要建立BOM清单,内容包括采购数量、合理存量等,建立安装周期及安装质量信息反馈和处理机制,并加强与战略合作伙伴新产品(含软件)开发体系的协同。

在成本管理上,通过对工时计划、工艺调整、外协单位调整等方式,控制传感器成本;通过对仪表重新选型和新供应商开放来控制仪表成本;通过施工的规范化和工具的先进性和前期预测来控制人工、材料成本;通过材料替代、货比三家、品牌更换、运用财务杠杆等方式控制胶水、杆机、摄像头等产品的成本。

在团队建设上,重点按照年度规划对不同人员进行分工梳理、角色定位,人员招聘时注重人才与企业文化的契合度,不停车检测系统物联网公司必须定位于以技术服务和创新价值为文化核心。对新进人员,除了要求人品外,必须强调文化价值观与公司是否一致,包括信奉企业的使命、交付成果能力、团队合作能力等,还要考虑进入公司的动机以及个性特点。从一开始就对新入职人员进行招聘把关,以打造志同道合的高水准团队。对引入的新老员工,还要注意沟通与避免冲突,本着"合作""顺应""沉默""坚持""妥协"五大方法,来润滑关系,减少内耗,以便集中精力为终端客户服务,将有效的资源用于订单和现场的客户满意度上。同时还要不断加强培训和优化流程,逐步打造优秀物联网公司。

## 二、迭代创新,推进物联网产品不断开发

一是迭代开发不停车检测系统的物联网产品。包括对传感器故障、内码、零点、个数、超载记录、疲劳次数进行全面故障预警和自动报警,使不停车检测系统逐步向智能化方向进展。同时对仪表进行合作开发,完成包括车辆车牌识别抓拍设备、视频监控设备、车辆外廓尺寸检测、车检控测器等。

二是加强物联网数据库建设及大数据分析。汇总车辆车型、车重、轴重、总重、速度、加速度、外廓尺寸、时间等方面的数据,并预检出超重车辆,自动抓拍图像并进行车号配适,与重量数据对应,为每一个公路局建立上述信息的数据库。

三是加快中试基地建设。在合适的水泥路面上，通过安装不停车检测系统，确保路基摩擦系数满足设计要求，并安装整套的图片抓拍、车牌识别、轮胎识别、车廓尺寸等自动配置装备，为公司产品中试服务，供国内外客户参观学习。

四是加强研发管理。在后台数据方面，进行大数据分析模式确认。柯力计划于 2018 年 6 月底进行大数据汇总，为用户提供大数据分析的可靠性方案；于 2018 年 5 月底完成英文版动态仪表和系统的建设；加强软件著作权登记和专利权申请，同时争取下半年执行软件退税，以节约税务成本；积极参与国家标准和计量规程起草，以争取更多的技术话语权。

三、拓宽渠道，体现物联网产品的服务价值

在销售渠道拓宽上，利用事业部自身、物联网子公司、各地办事处等渠道的信息，要在市场摸排的基础上重点跟踪意向客户，进行业务拓展。事业部将有效复制湖南 SNK 公司的经验，以点带面，将物联网产品推广至全国市场。

在大数据价值的提炼上，重点对每个车道上的实际载重量和次数进行分析，一方面为道路翻建的正确材料及型号科学理性选型，另一方面为后续新修道路提供建设标准。与此同时，提炼的大数据也应用于传感器的使用生命周期分析上，对传感器尺寸和结构提供性价比最佳设计，减少冗余设计成本，创建大数据对传感器成本最优分析体系。

在产品应用领域开拓中，除了国道、省道的不停车检测系统，还能延伸至城市郊区道路及县域主要道路，延伸至桥梁、隧道、防波堤等有安全检测需求的应用场景。

在产品差异化市场营销中，重点构建简易型不停车检测系统，对传感器、仪表进行简化，减少栏杆机和视频设备的数量，控制产品的配置数量和规格型号，使之匹配于简易应用场景。如针对高速公路劝返点的超载车辆，突出超载和车牌识别两大功能，弱化或省却其他功能，以优化成本、适应市场的不同需求。

目前，不停车检测系统物联网尚处于发展初期，有着潜在的巨大市场，我们务必全力以赴、努力进取、紧盯市场，积累研发力量，加强迭代开发，不断将不停车检测系统推向一个新的高度，为工业物联网发展撑起一片蓝天。

* * *

# PART 3

## 征战未来
物联网时代的营销策略与商业模式

# 物联网环境下的市场营销策略

随着物联网产品推向市场的脚步越来越快,我们需要进一步明确物联网环境下的市场营销策略。

一是平台式产品销售

物联网产品销售有别于常规传感器、仪表的销售,它首先要将客户需求列出清单,包括数字定制传感器及协议、无线仪表(中低端塑料外壳或中低端不锈钢外壳)、无线发射盒,是否需要定制称重软件或 ERP 接口软件?是否需要第一次上门安装调试、讲解培训?设备监管 App 软件与称重记录 App 软件是否分级授权?等等。根据这些清单来确保与市场要求对接,同时对不同客户实施不同商业模式。平台式销售的收入来源是按照终端市场要求收取年费或一次性收费,在质保期间免费提供支持。平台式收费模式需要密切关注终端客户、设备或服务商客户与柯力三者之间的长短期不同需求。

二是项目式产品销售

其与平台式销售的最大区别是,柯力与客户合作参与终端市场现场服务。因为柯力具备技术、服务、资金、品牌、管理等优势。为了推广物联网产品,在一些防作弊要求较高、大中型企业较集中、设备或服务商对物联网产品认识较到位、创新意识较强的客户群体中，将有部分客户选择与柯力共同组成项目部抢占市场，共同对终端客户进行服务，利用双方的合力，打开物联网的大门。

在物联网产品推广过程中，我们希望以点带面，引爆羊群效应。但我们要考虑到，丰满的理想可能遇到骨感的现实，初期客户必然会有迟疑或观望心态，羊群效应不会很快到来，此时更需要柯力的担当。我们会选择部分设备或服务商去直面终端市场，甚至去培育市场。同时也会要求全体业务员培养物联网思维，逐步从纯粹销售产品向销售服务项目转变。

三是股权式产品销售

由于物联网产品改变了行业生态，使产业链直接面对终端市场。设备商未来是我们的合作伙伴，销售路径不再是元器件→设备商→服务商→终端客户，而是元器件＋设备商＋服务商→终端客户。

五年前，当柯力战略从国际一流传感器公司转身为国际一流物联网公司时，就开始了在物联网路上的探索，直到今天我们才渐渐认识到，股权式产品销售可从根本上解决物联网产品市场推广和销售的主动权。尽管存在风险，但是为了摆脱过去二十年对元器件的依赖，走出迷茫、徘徊和挣扎，柯力冒再大的风险也是值得的！这不仅是柯力销售方法的改变，更是战略上的转型，是创新中的涅槃，是脱胎换骨的自我变革，更是对行业发展的责任担当。

四是监管式产品销售

物联网产品为质监部门防作弊监管提供了可操作性技术，特别是在一些有强制检定要求的领域，正是物联网大显身手的地方。从监管部门入手，作为市场应用的催化剂，不失为推进物联网进程的捷径。可以协调设备商或服务商进行质监系统检定区域试点，然后将物联网逐渐铺开。

**五是第三方合作式销售**

物联网平台不仅属于柯力,也属于整个行业,在适当时候开放通信协议和接口平台,使之成为行业标准,是柯力物联网战略构想的核心组成部分。一方面,通过与软件公司、系统集成服务企业等第三方企业进行软件共同开发、市场资源共享、服务项目共建、产品共同面向终端市场等途径,加速物联网市场的进程;另一方面,通过开放协议与平台,与同行建立新的行业竞争格局,寻求各自合适的定位,与传感器、仪表企业从竞争转变为合作共赢关系,避免恶性竞争。

过去二十年是柯力传感器、仪表发展壮大的过程,也是不断深化传统客户供销关系的过程。当下的战略转型意味着未来需要创建新型销售模式,我们也将和二十年来的客户形成新的战略合作关系。今后,柯力将着眼于共同的市场需求,着手于物联网产品,着力于建立崭新的客户关系,共同迎接中国称重产业革命性时代的到来。

物联网巡回服务

\* \* \*

# 做大格局：物联网销售策略的进化之道

2017年4月，在上海举办的中国国际衡器展会对柯力的物联网战略具有深远影响，我们战略方向的正确性也在上海展会上再一次得到了验证。

在上海展会上我们看到，大多数衡器生产商都已经具备了成熟的整机开发能力和快速的新品投放能力，市场竞争压力日益增大。而围绕物联网打造差异化，是成功破局的关键。在这方面，柯力比竞争对手先行了一步。现在来看，这一步是走对了！

但是，在战略上藐视，从战术上要高度重视，针对新发生的市场变化，我们有必要对销售策略做出以下调整。

一、向整套系统集成物联网解决方案过渡

柯力销售策略的重心，要从单一的物联网产品销售向以整套系统集成为核心的物联网解决方案过渡。

首先，狠抓物联网板块称重软件解决方式，按照行业要求，定制不同行业的称重软件格式，使柯力形成不同行业的解决方案，也使我们的合作伙伴可直接应用柯力的称重软件，逐步形成逻辑需求化、技术先进化、功能模块化、自动升级化、产品集成化。

其次，将无人值守元素全部纳入物联网产品体系，包括远近距离和双单方向，单一物件和多种物料等无人值守体系，完成无人值守硬件设备上杠杆机、倒闸、柜式、箱式产品体系，并加强软、硬件的成本控制，建立硬软件结合的无人值守体系。重点加强行业简易版软件、自动升级模块、界面优化和自定义要求，菜单栏和功能栏隐藏，预置多个标准接口。

为了加快无人值守的软件开发，我们要加强现有柯力无人值守市场的情报收集工作，引进和培养软件人才，开发无人值守产品 2.0 版，解决核心行业软件与无人值守对接过程的问题；还可考虑软件服务外包及资本并购运营方法解决软件应用，以便更快更接地气地为终端市场服务。

我们还要借鉴竞争对手和先进企业优点，在新的产品开发中，将 2.0 版及 3.0 版置于物联网体系中，也考虑将客户指定称重软件通过接口、平台登录、权限开放的方法串联到柯力物联网体系中，以形成完整系统，集成整套物联网解决方案。

二、发挥物联网合作伙伴作用，加快柯力团队转型

发挥人的潜力和主观能动性，始终是营销策略考虑的重点。

第一，进一步发挥物联网子公司作用。子公司必须集中精力深入一线，听取终端市场的声音，把每一条故障、每一次回访、每一条信息、每一次安装调试、每一个招投标都视作物联网应用的挖掘机会，跟进每日产生故障的原因、故障排除、故障分析，把物联网产生的数据分析作为合作伙伴转型生命线，并差异化标配高、中、低三个层次全面物联网产品。视客户满意度为物联网价值所在，珍惜并深挖客户需求，提炼、总结、推广客户服务经验，循环提升客户服务水平，只有这样，物联网子公司对客户的价值才能充分体现出来。

第二，柯力应加强自身业务团队建设，通过服务推广全国物联网市场，狠

抓指标落实，沟通并服务好老合作伙伴，选择推进新合作伙伴开展物联网业务。同时做好人才队伍建设，引进新业务员替代老业务员和业务经理，将经验丰富的业务员和业务经理调整到子公司的销售经理或副总的岗位，帮助子公司落实好计量局市场推广、老客户回访、新客户开拓、招投标项目落地等工作。通过他们，架起子公司与总公司的信息沟通平台，一手抓子公司物联网推广，一手抓总公司资源协同，将他们逐步培养成为物联网服务公司的合格老总，并为柯力后续的物联网战略进一步迈向深入奠定人才基础。

第三，柯力在宁波、杭州、温州的自身项目部建设需走向纵深，一方面，回访柯力服务多年的终端客户并挖掘新的需求，收集并总结已安装的200多台物联网仪表的客户使用情况，深入市场一线把握客户的真实需求；另一方面，在经销商和中小衡器企业形成可推广的"燎原之火"，快速推广物联网产品标配和改造升级，双管齐下，在浙江省形成一定的市场需求。通过这两方面的工作，形成反向倒逼机制和正向推广机制，促进服务能力的升级和市场空间的扩大。

第四，要求子公司打造业务团队，建设人才梯队，确定专职的销售经理和服务经理，并形成每周物联网信息反馈的汇报制度，据此总结出好的推广方法，综合协调资源，同时形成物联网推广市场的人才基础。

### 三、利用低端物联网产品推广时机，做大市场格局

加快低端物联网产品投放市场速度，除了个别省份由子公司独家代理外，全国市场的其余大部分都需要建立平台式销售的模式。

加强无人值守软件、传感器、仪表、通信协议和Logo定制来确保传统客户的物联网推广，并对低端物联网产品实行量积返利，3~6个月免费体验，控制仪表价格，实行运营费折扣处理。重点抓好每一个区域内核心制造厂商和理念一致的大经销商销售，杜绝中小散户及经销商直接购买，确定阶梯

式报价原则和每个办事处销量指标分解办法。

展示柯力数据中心的故障推送、故障分析、服务提升、客户满意度等真正的物联网体验产品，在称重数据准确性和设备待机时间减少、设备选型、设备操作等物联网功能服务方面区别于竞争对手，也为终端客户带来数据准确、服务及时、数控安全、设备可行和经济适用等综合体验，以服务促进产品改进和客户体验，以服务带动硬件销售及改造，从以点带面的销售方式转化为物联网格局下产业的整体销售。

### 四、抓紧大数据开发利用，以服务带动销售

称重物联网搭建了与终端客户的桥梁，运营费的本质是服务信息费用，是由制造服务商支付而不是终端客户直接支付——最终还是由终端客户支付。运营费的多少取决于称重物联网设备安装后能否为终端客户带来价值，能否体现服务带动销售的理念，能否利用大数据针对终端客户需求进行靶向销售。

因此，我们要抓紧大数据开发利用，包括：

第一，在客户正式安装物联网设备后，实时监管设备故障、数据运行，提炼出故障数据，对客户的设备异常数据通过微信平台、短信推送、电话沟通、现场查看、远程服务等方式进行反馈，让终端客户体会到物联网物有所值。

第二，利用大数据分析实现终端客户设备防作弊体系改造，推荐柯力定制五大要素、CAN 总线技术、自故障判断、多物理量传感技术等功能，为终端客户防作弊提供方案；总结终端客户操作使用不良习惯，指导客户操作使用，开展设备巡查和检衡服务，体现出为终端客户预防式、持续式设备服务，彻底把硬件作为服务的一个组成部分。

第三，利用大数据分析和有效沟通，提炼出客户对数据的偏好，包括信息化、硬软件改造升级、第三方检测及其他计量产品服务。我们必须铭记：客户真正的需求并不是工业装备，而是装备带来的精准称重能力，其核心是

使用恰当的费用保持最及时准确的数据。未来我们还必须研究传感器或仪表、称体的生命周期，根据元器件疲劳指数或材料应变、芯片采集数据变化来预测设备元器件的使用寿命，并对设备使用寿命做好预警，同时对元器件使用做到提前报警、提前更换、提前检修，以确保设备正常运行和始终处于健康状态。这也是实现定制产品或非标产品提前下单、提前备库、提前保证设备正常运行的基础。

第四，利用大数据来提升公司传统产品的品质与研发，通过对传感器、仪表实际使用情况和使用次数分析，来反推传感器、仪表元器件选型和设计可靠性，并对终端客户在不同行业、不同环境下产品选择提出物联网配置建议和核心元件定制要求，以确保后期物联网年费制的执行和传感器、仪表产品市场的经济适用性。

第五，抓好服务与大数据分析互动关系。深入市场一线倾听客户声音，在每一次销售前都需要问自己："这次我能为客户做什么？""客户对于设备物联网需求点在哪里？""物联网如何满足客户要求？"在每一次销售过程中，运用SPIN（Situation，Problem，Implication，Need-payoff）销售方法——背景问题、难点问题、暗示问题、价值问题，找出客户痛点，并将其与大数据分析相结合，找出客户真正的需求点，如数据防作弊、数据安全与隐私、数据随时分享、数据信息化、数据个性化和定制化等，让大数据分析与客户服务相互促进与循环，真正体现物联网的价值。

柯力调整物联网销售策略的总目标是将物联网经营进一步推向新的发展高度，推进的重点是提高客户沟通质量，增加客户价值获取，包括提升顾客总价值，降低顾客总成本，奖励终端忠诚的客户，同时提高终端客户转换成本，全力打造物联网的客户黏性，直至形成与终端客户的长期合作伙伴关系！

\* \* \*

# 物联网业务团队的主攻任务与战术选择

随着物联网产品陆续投放市场,营销是我们面临的一项紧迫任务。

物联网营销基于产品又超越产品,关键在于发掘客户潜在的需求。对承担营销"主攻任务"的业务团队来说,怎样激发客户尚未意识到的朦胧需求、真正转化为泉涌般的市场动力?在实施物联网营销策略时,我们要把握以下要点:

一、优先攻克"战略支点"

设备制造商是实施物联网策略的一个关键环节,堪称"牵一发而动全身"的"战略支点"。如何吸引设备制造商踊跃投身物联网?一是在业务介绍中,强调物联网发展是人心所向、人性所致、滔滔潮流不可阻挡的大趋势;二是突出称重数据联网的优势——无处不在的数据服务功能;与ERP无缝衔接;为企业经营决策提供数据支持,等等;三是对设备监管体现智能化、信息化,通过定制动态协议和实时监管,为计量准确性奠定基础;四是启动及时完整的服务,通过质保期内免费、年费、一次性收费模式,使终端客户高枕无忧、产生依赖,真正实现称重物联网的价值。这些营销功能介绍可激发客户的购买欲望,以便激活区域性市场。

## 二、寻找突破点,向纵深发展

针对已确定的战略合作伙伴客户启动名单,在前期填写《物联网产品需求咨询表》,把客户的传感器、仪表、服务器、称重软件、ERP 软件等产品选型沟通清晰,并确认首次安装调试服务器是否需要公司的技术、售后、业务团队人员的支持。同时,每半个月上报试用客户的推进情况及产品下一步推广需求及计划。根据客户的不同,由第一台试用,到不断完善质量和技术,引导客户后续应用物联网产品。

## 三、快速启动并改建存量市场

目前国内有上百万台汽车衡产品存量和上千万台称重设备存量,这都是待开发的新市场。开发的第一步是对上百万台汽车衡存量市场做出物联网产品改造计划,可以根据客户需求,采用不同的改造方式。

一是对现有模拟传感器,在客户允许的情况下,将其改造为定制协议数字传感器,并配套 D39-WA 型低成本物联网仪表或 D39-WB 型不锈钢中高端物联网仪表。

二是在客户汽车衡不允许更改传感器的情况下,直接将原来的仪表更换为物联网仪表,含模拟表 K9-WA、低端数字表 08-WA、中端数字表 D39-WA、高端数字表 D39-WB,对于柯力的仪表予以补差价方法,而对非本公司仪表则采取低价或优惠价销售策略,引导客户实施存量产品改建计划。

三是针对服务器仍坚持使用私有云或与柯力云并存,则调整不同软件,对原有数据发送私有云或柯力云,并修正 PC 端和手机 App 界面端。

四是提供称重软件管理系统或第三方合作软件管理系统,让客户可以直接收、发、存信息或对接 ERP 管理系统信息。

五是充分利用设备监管自动报警信息化体系,与设备制造商、服务商共建服务团队或者独立为柯力服务团队,按不同收费模式,重点实施从制造业到制造服务业转型,实现柯力 GDP 服务比例不断上升并稳定成为 IPO 利润增长重要来源。

四、多点突破,遍地开花

多管齐下,确保物联网产品市场策略产生成效。

一是启动股权式物联网转型,牢牢把握物联网产品市场推广主动权。我们不能把希望仅仅寄托于合作伙伴或客户身上,而要加强自身物联网产品市场的开拓力度,建立自身可控的市场渠道,并以此为龙头牵引行业转型。

二是抓终端市场的项目,通过自身业务渠道、第三方公司渠道、专用媒体及展会渠道、IPO 影响力渠道、客户及经销商渠道,采用多种合作方式,重点跟进粮食、矿业、其他农作物、批发市场物流、废品回收、港口等不同行业;重点抓贵重物品、易作弊物品;重点跟踪作弊较多、监管较难、地理位置较偏僻区域;重点寻访具有集团化、信息化规范要求紧迫、选型不当、公用汽车衡计量监管、物联网应用收益明显等特征的企业,以点带面树立典型,带动同类企业、地域、行业逐步更新换代物联网产品,牵引市场拓展。

三是充分利用称重软件、信息资源、系统集成、质量管理等不同于第三方公司的合作资源,在物联网总体框架下寻求资源共享,达成双赢的盈利模式。

四是充分根据公司二十年来已形成的终端市场资源,尤其是宁波地区的市场资源,通过改建物联网事业部下属多个服务业务团队,以及新组建股权式、项目式、监管式多个服务团队,向物联网市场点燃星星之火,以成燎原之势,确保物联网市场从容起步、精心规划、多手预防、多管齐下,实现柯力战略上巨大而艰难的转型。

业务团队的物联网市场策略是公司物联网战略旗帜下实施物联网产品销售的具体战术。在工业 4.0 版革命及"中国制造 2025"背景下，称重产业不断走向数字化、差异化、无线化、动态化、信息化是势不可当的发展潮流，业务员只有置身于滚滚转型洪流中，才能使自身适应并跟上公司转型及产业升级步伐。站在历史的转折点上，请各业务团队成员深深信仰并投身于市场实践中，个人的事业才有发展希望，公司的物联网转型才有成功希望。而且，这不仅仅是为了自己，也不仅仅是为了公司，更是为了实现中国称重产业称雄于全球称重产业的伟大目标。

＊　＊　＊

# 物联网市场营销中几个核心问题

物联网营销有别于传统营销。传统营销围绕产品展开,产品是营销的"主角",一切营销活动都是为了把"主角"包装得更漂亮,然后体面地"嫁出去"。在物联网营销中,产品成了媒介,成了"配角",而"主角"是客户潜在的需求,营销是为了开发这片尚未显现价值的处女地。这给我们带来了无限想象空间,同时也是前所未有的挑战。

当我们展开有别于传统营销的市场策略时,需要回答以下四个问题:

一、物联网产品到底要解决什么问题?

物联网产品的推广价值在哪里?或者说,物联网产品的优点到底是什么?这个问题主要从9个方面来回答:

1. 数据无时无处不在(可以通过手机、PAD、电脑等终端设备连接),提升产品档次;

2. 可对设备进行有效的监管,从源头上解决计量准确性及防作弊功能(可以提供设备的年度运行报告、年检报告);

3. 解决服务的及时性,可以省心省力,开展服务外包;

4. 对设备运行及故障进行大数据分析,提升设备招投标的说服力及设备选型的合理性；

5.设备进入无人值守体系，称重数据可以进入 ERP 体系，提升企业信息化建设能力；

6.提供增值化服务，如定制仪表、传感器、软件及第三方检测等；

7.对设备可以远程服务、维修、监管，减少维修费用；

8.服务管理软件对每一台设备的生命周期、每一个客户、每一次服务进行管理；

9.建立设备厂商或服务商针对终端客户的广告推广业务，构建供需双方信息平台。

二、物联网要面对的前期客户群体是什么？

从理论上说，任何行业、任何公司、任何人都可以是物联网客户。但物联网发展初期，我们必须集中有限资源服务于较易带来业绩回报的客户，因此需要对客户群体精准定位。目前，我们倾向于选择以下这 8 类客户群体：

1.选型不当的、有待于升级为数字产品的原模拟产品客户；

2.需要监控服务，尤其是智能化远程控制服务的客户，如混凝土行业；

3.老客户的关系户，有效需求客户；

4.地理位置偏僻、有远程控制服务需求的客户；

5.有第三方服务外包需求的客户；

6.有防作弊需求的客户，尤其是原材料价格较高的客户；

7.售后服务（过保维修）、维修成本偏高，行业竞争激烈，急于寻求解决之道的客户；

8.多个分厂、多个企业的集团化企业。

三、与设备厂商或大经销商前期如何合作?

这个问题主要从以下4个方面来回答:

1. 单纯平台式销售。首先,实行发货试用、培训客户,或首件上门安装,调试手机App或PC端界面,给客户直观的感官认识。为了以试用为起点进一步推进业务,需要做好后续产品销售差异化方案;其次,推进客户老秤改造,将柯力数字传感器作为传统模拟传感器的替代方案。重点挖掘存量市场、平台式销售改造的销售潜力。

为了促进前期产品推广,可以采用多种形式的优惠促销策略,例如:对老秤改造,如果是柯力产品,可免费调换或折价收回;首批试用大客户,前3~6个月运营免费试用;仪表或运营费用可以量积返利,等等。此外,可鼓励客户将平台式产品销售与无人值守、称重软件管理相结合,与服务管理软件相结合,与ERP开发定制软件相结合,对各种软件定制及检验性产品,可以免除第一年运营费,甚至免去仪表费,也可以采用平价销售方式,来促进物联网产品销售快速增量及推广。

2. 项目式合作销售。随着平台式销售逐步增量,或客户有多台物联网设备并产生了服务需求,可将服务外包给柯力,或双方共建项目组,对物联网产品按年费制或项目包干制收取费用。这是一种将产品销售模式直接转化为服务外包模式的新商业模式,从而实现销售收入增长和后续持续稳定的利润增长。

3. 组建合资物联网技术服务新公司。通过双方共同出资,共同组建新的物联网产品服务公司,开展老产品改造、新物联网设备销售及服务等业务。将合资方作为不同的配件、硬件供给方,并提供销售渠道、区域市场和内容、技术平台等,共同促进新的物联网技术公司不断成长。

4. 建立股权式合资合作公司,直接从事物联网产品销售,拓展原有产品结构与市场结构。将老产品物联网市场商业模式建立和服务体系培育作为新公司的核心任务。

四、怎样在物联网新生态系统中找准自己的位置？

柯力前二十年的发展，主要是在提升质量和控制成本上持续下功夫，以追求产品性价比的流程创新为主。而物联网战略本质上颠覆了流程创新理念，它是从源头创新开始，无论是战略分析，还是市场开拓，都需要全新的流程创新。

物联网战略将柯力原来的客户纳入了新的生态系统，共同面向千姿百态的终端市场，建立符合终端市场需求的产品结构、共同赢利的商业模式结构、共同发展的平台和利润结构，而有共同目标、理念、执行力的生态合作伙伴是物联网战略打造中最有价值的资源。柯力在这个新生态系统中，要发挥好引领者、建设者和维护者的作用。

\* \* \*

# 超越需求:与客户建立"终生伴侣"关系

物联网产品市场推广不仅是满足顾客需求,更多的是发现、挖掘、超越客户需求。从这个意义看,物联网产品销售源于设备又高于设备,源于客户需求又高于客户需求。其核心思想是把客户作为一生的销售服务"伴侣",真正做到以客户为中心。诚如德鲁克所言,"企业的唯一目的就是创造顾客"。"创造顾客"不仅要发现和满足客户的需求,而我们推进物联网战略,做的主要工作就是创造客户需求,即通过使设备信息化和智能化,通过大数据分析,真正体现设备价值并实现设备增值。

创造客户需求离不开销售人员卓有成效的努力。我们要如何达到目标呢?

一、销售人员必须了解产品

物联网产品有别于常规设备的特点是信息化与智能化,例如数据相对准确性即防作弊功能、数据实时及时上传、数据隐私与分享、数据与ERP等管理系统及无人值守系统对接、大数据产生对设备选型及设备全生命周期研发、数据远程维修与检定等。

而柯力产品在此基础上还有一些有别于竞争对手的"卖点",例如触摸屏技术、自定义报表、中英文编辑、状态信息开壳检测、传感器故障（如芯片）、远程打印、远程维护等。更重要的是我们所具备的综合实力，包括检衡车服务、集团化资源互动、服务管理软件和服务专业水准、设备维保和新闻发布等信息互动平台、服务承诺和风险担当、产品质量和企业五大中心（数据、实验、研发、智能制造、服务）支持、持续产品开发和服务创新能力。正是凭借上述的综合实力，才铸就了柯力物联网产品的独特卖点。当客户的某些需求尚未得到满足时，柯力有能力进行快速产品迭代开发，迅速改善产品以满足客户需求。

因为具备人无我有的创造客户需求的能力，所以柯力可以很自信地推出种种让客户"先体验后满意、先付出后回报"的营销模式，从而逐步提升市场占有份额。

俄罗斯客户现场

## 二、发现并挖掘老客户的物联网需求

销售从某一种角度来说是市场情报体系的运营。对于老客户，根据原来的设备使用情况进行摸底了解，根据实际情况与客户方的管理人员沟通，讲述物联网的特点和独特价值。若是客户产生了接受的兴趣，则要进一步分清客户的兴趣源于感性需求还是理性感受。如果是感性需求，则可以马上按客户要求做出各项方案，为其配置价格适中又切乎所需的物联网产品。

如果客户为理性感受，则必须进一步了解客户需求的具体内容，例如，需求接受的关键是什么？突破方法是什么？由此打消客户的疑虑。此外，还可以跟物联网产品采购决策人沟通，讲述物联网产品优势，讲述可以为用户带来的各种便利之处，以及同行使用情况和使用效果。对物联网产品的未来趋势、权威人士对物联网的见解、监管部门的政策方向、消费同理心、物联网投入产出之价值描述等等，都是可以向客户介绍并能提升"动心指数"的内容。在沟通中，销售员还要耐心倾听客户的声音，找到决策人真正关心的问题，对症下药，以激发其采购欲望。同时还要注意把握成交时机，一旦时机成熟，马上提供方案及合同，配合客户下单。

## 三、超越客户需求

要与客户建立终生服务关系，良好的产品质量 + 愉悦的产品体验 + 解决客户问题的能力 + 承诺兑现，是建立良好客户关系的基础，也是彼此依赖的开始。

同时，销售不是去改变客户，而是尝试影响和引导客户。销售之所以能够真正成功，并不取决于产品本身，而是客户的刚性需求。当客户需求萌动时，产品就会变成旱季的甘霖。

在实际销售过程中，还要注意产品差异化：一是要有效隔离与对手的同质化，从 A → A+，把自身竞争优势展示更充分；或者从 A+ → A，把对手优势稀释中和，切中客户真正痛点。二是突出产品价值的成长性，从 0 → A，讲述物联网产品的优点；从 0 → A-，尽管有部分产品功能无法满足客户，通过价格调整，完善服务体验，通过产品迭代开发来持续创造价值。三是关注产品的针对性，满足客户真正痛点的需求，而对大量客户的共性需求，必须重新定义，赋予物联网产品本身新的内涵，实现从 A → B 的快速移动。

在推广物联网产品的过程中，业务人员还要讲风度、讲品格，注意形象，不要通过诋毁对手的产品来获得订单。帮助客户选型、推荐客户试用柯力产品可以作为一种常规推销方式，其目的是先占领市场，最大程度与客户保持粘性，持续不断挖掘客户需求。此外，还可以采用一些行之有效的促销方法：

1. 通过促销活动、相关折扣等限时销售，促进物联网产品销售；

2. 给客户造成产品短缺印象，激发客户强烈的购买欲；

3. 与竞争对手的产品比对，突出柯力产品优势；

4. 通过客户定制，把客户需求设置在合理区间；

5. 进行物有所值的加减乘除：①加法：销售成功后，通过送软件、赠送其他产品、服务器免费试用几个月等形式让客户及时下单；②减法：在价格问题上僵持不下时，可以通过减少个别功能、打折扣形式促成交易达成；③乘法：给客户清楚说明大数据、设备选型、信息沟通平台等能为客户带来更大的、潜在的、无穷无尽的价值；④除法：通过产品拆分、运营费拆分等方法，把客户心理价格期望通过产品和服务拆分来满足，抓住客户的需求点，率先抢占市场。

在物联网前进的道路上，困难总会不期而至。但困难是暂时的，我们不要被眼前的一时不顺所吓倒。柯力公司要坚定引领中国衡器行业转型，使物联网产品能为中国用户乃至全世界用户所接受。这是一条前人未曾走过的道路，即使灌木丛生、艰难异常，我们也要迎难而上！物联网符合国家提出的"两化融合"和"中国制造 2025"计划，最重要的是，它符合人性发展。人性需求永远是产品经营的出发点和归宿地。因此，我们有理由相信，只要我们不畏艰难、用心去做，我们的物联网之路一定会成功！

※　※　※

## 物联网市场营销实操方法

我们经常听到销售人员谈论物联网产品市场推广时遇到的困难——"物联网产品难以销售""客户对物联网产品不感兴趣""客户一听到物联网产品要收费就没了兴趣""客户对数据上传很反感"……这些困难有没有？肯定是有的。物联网是全新的存在，推广物联网产品，意味着要改变客户原有的认知，而这绝非易事！

举个例子，西红柿和土豆是安全无害的食物，但它们从美洲传到欧洲时，最初是被当作观赏植物，所有人都认为它们有毒，不宜食用。西红柿过了200年才成为席上美餐，但土豆很快成了欧洲的主要粮食作物之一。这得益于法国农学家安·奥巴曼奇的推广。为了"诱惑"法国农民栽种土豆，他向国王申请了一批卫兵，像守护珍宝一样守护土豆苗，并给予农民晚上偷窃的机会，于是，土豆很快遍及欧洲大地。

物联网像西红柿和土豆一样，对客户有益无害，但我们不要因此认为推广过程就会很简单。相反，我们要向安·奥巴曼奇学习，运用自己的智慧，调动可以调动的资源，设法改变客户的认知，使物联网变成客户新的认知。而其中的关键是，我们要真正认识到物联网是"珍宝"，而不仅仅是一个时尚元素。

在实践操作中，我们需要关注哪些问题呢？

一、做好摸底工作

物联网称重设备的需求是潜在的,需要被激发出来。在营销前,务必对客户已购买或将要购买的产品情况进行摸底了解。如果是新购设备,则要摸清客户购买设备的动机、对数据的准确性要求、数据隐私性和数据分享性(包括企业股东或决策部门数量、需求)、设备出现状况后维修及时性要求(即待机时间)、信息化程度要求(与 ERP 称重软件接口要求)等情况,再把物联网功能相对连接起来,确认是否满足客户需求。

如果是老设备改造,则需更多关注老设备使用状态及历史维保情况、传感器与仪表的品牌、更换保养记录、服务及时性要求、设备信息化是否使用与使用情况、老设备使用频率与环境要求等,来判断客户对物联网产品改造的需求度。

摸底工作完成后,要运用适当的销售技巧,例如,在同行业或同区域内找好"领头羊",制造羊群效应;采取限时优惠、免费体验 3～6 个月、折扣优惠等促销办法,进行"饥饿营销"——参考苹果手机新产品的限量发售或可以通过其他销售案例找到灵感;委托使用效果良好、关系比较好的客户进行口碑推广;通过沟通平台和微信、短信平台将客户使用效果展示于其他改造型或新购设备客户,以激发他们的需求等等。总之,传统产品营销的实用技巧都可以运用到物联网产品营销上,同时也要开动脑筋,创新营销技巧。

此外,物联网产品销售必须建立在常规衡器产品缺陷对比的基础上,并对不同性格、不同需求客户充分挖掘,引导客户不断询问、不断提出问题,建立针对问题、找准客户需求、提供触动客户内心的解决方案、引导客户下单的良性循环机制。

## 二、找对人、挖对需求、做对方案

在物联网产品营销过程中，必须找对合适的销售决策人。相对常规设备的决策人而言，物联网产品决策人的层次更高，需求更智能化和信息化，协调与动用资源更多，需求更清晰且集中。因此，要找对更高层次的决策人，不要因为客户某一部门人员不需要就认为客户不需要，要在合适的场合、合适的时间通过电话、短信、见面等方式跟决策人沟通，介绍物联网产品运用于同行的使用情况、实际预估效果、满足客户痛点需求方案等，把物联网解决问题的优势与客户现有的问题一一对接，使决策人透彻了解物联网产品的价值，从而产生使用兴趣。

为了取信于客户，打消客户的疑虑，可使用先体验后回报、先故障（有时故意制造）后惊讶、先服务后需求、先免费后收费、先信息费后年服务费用的策略，让客户真正体会到物联网产品优势、卖点，从而产生真正的热爱。

## 三、培养直销团队

首先，建立直销人员招聘录用标准及面试流程，储备一批销售人员，保持常年动态后备1~2名直销人员。

其次，建立销售人员管理App流程或工作日报制，讲述与总结成功与不成功案例，并建立常规集中培训平台和轮训机制。

再次，把物联网产品销售数量和客户满意度与业务员的薪酬挂钩，重新明确考核指标和业绩分解指标，明确考核BSC（平衡计分卡，全称Balance Score Card）和KPI（关键绩效指标法Key Performance Indicator）指标，运用服务团队管理软件或现场收集客户满意度调查情况，引导直销人员向着物联网战略前进。

最后，要建立优秀直销人员将业绩转化为超额利润、再将超额利润转化为股份激励的机制。方法之一，设定一定物联网产品销售或利润指标，对完成任务的业务员给予期权激励，其入股资金的一部分来源于薪酬及年终奖励，一部分来源于延期支付的每年分红或超额利润奖励，另一部分来源于子公司高层借贷方法，不断充入股本金。方法之二，直接对超额完成物联网产品销售任务的业务员以干股方式赠送分红。只要业务员物联网产品销售超额，一律给予一定比例分红，直至离开岗位或离开公司为止。

四、健全经销体系

在没有直销人员的区域，建立县级以上经销商团队，对经销商团队规定一至两年物联网产品的经销数量，明确区域保护、产品定制甚至服务器定制策略，给予推广费用资助、服务车辆保险费资助，推行检衡车检测、服务人员协助的服务策略，设立产品信息、市场需求反馈渠道和金点子奖励，协同开发客户定制软件，健全市场推广所需样本、微信、视频资料及更新机制，确定每年2~3次培训机制，建立经销商完成任务数量后的返利激励和衡器产品运费补助体系，对优秀经销商实施超额业绩股份奖励政策，促进经销商使用物联网产品的积极性和客户满意度提升，促使经销商在考虑自身利益诉求的同时与物联网公司发展风雨同舟、齐心协力，共同推进物联网战略。

在物联网战略发展的道路上，我们坚信物联网有着美好的前景，但美好的前景需要我们用非凡的努力去创造。我们必须提高层次，提出新思路新办法，发挥每一个"物联网人"的潜能，去解决一个个新问题。只要我们齐心协力，我们一定会拥有美好的明天！

\* \* \*

## 物联网销售的核心命题：如何赢得订单？

在称重物联网进展如火如荼之际，作为销售人员，如何赢得订单是物联网销售最核心的问题，我们必须意识到物联网销售是解决方案式的销售，是 SPIN 销售的经典实践，是一个从情景出发，经过探究、暗示，再到提出解决方案的过程。但物联网销售也有一些区别于传统销售的特色，一个订单的成功获取的过程，需要经历以下五个步骤：

一、寻找需求真相

销售不是意味着精明或"狼性"，更不是忽悠客户，销售必须为客户寻求解决问题的方法。在每次拜访客户前，除了摸底客户的基础情况，必须为客户准备好一个能解决客户问题或帮助客户利益增长的方案。为此需要研究客户的设备维保历史情况，作为设计方案的依据。比如有过被作弊的附上称重物联网防作弊九大体系建设方案；有过维保的带上年保资料和政策；有担心数据安全的介绍两路发（即称重数据留在用户的计算机或服务器，只给予服务器设备状态数据），或介绍柯力安全数据中心（十大系统和冗余、备份、均衡器和防火墙四大体系）、物联网数据保险体制；有需要数据实时查看和分享功能的，介绍物联网移动 App 效果；有需要数据直接转入交易甚至计算营收或扣款提示,则推荐转入无人值守+称重软件+物联网集成需求,等等。

在SPIN销售法中,S(Situation Questions)的含义是现状问题询问。问题是需求之母,需求是成交之本,而客户对物联网的需求是被问出来的,也是听出来的。会说的是新手,会问的是能手,会听的是高手,在客户沟通中,需要针对性询问,耐心倾听,细心分辨,就如中医的"望、闻、问、切",能问、会听、善断,才能真正找到客户的痛点。

二、产品方案呈现

物联网产品销售有别于传统设备销售,它遵循基本的"FABE"销售准则:"F(feature)",产品属性;"A(advantage)",产品优点;"B(benefit)",产品利益,带给客户好处;"E(evidence)",证明,即提供实证激发客户购买的欲望。

"FABE"书写了一个真理:客户购买的不是产品本身的特征或优点,而是产品能够满足他们的需求。因此物联网产品推荐时必须落脚于"B",即产品利益,要告诉客户:称重计量正确与否,如果没有物联网大数据分析和故障自动报警,则很难预防失真;如果不能及时反馈称重计量设备的故障,潜在的风险较高,非一年几千元运营费所能比拟;缺少故障自动报警的待机时间,将会造成客户生产延误;缺少故障设备分析,找不到真正的故障点,将导致维保成本远远高于运营服务费成本……

为了让客户相信产品利益的存在,也需要"E",即证明利益的存在,为此必须详尽展示物联网设备的特点和优点,向客户展示附近已成功安装物联网产品的企业,客户同行业企业使用称重物联网产生的实际价值等案例。整个展示必须是实证资料,除产品介绍和收费价目表等基本资料外,还包括客户问题准备资料、视频或样品等。用来说服客户的样本企业,也要准备好相应的手段供客户查证，如视频、电话、微信截屏等。这些展示资料要事前准备充分，以便随时向客户呈现。

### 三、突破收费难关

物联网产品销售，有一个无法回避的难点问题，即每年服务费用的收取。许多客户并不讨厌物联网产品，只是讨厌支付费用。因为付费可能包含了得不偿失的风险。而我们必须依靠利润才能生存，因此，这是一个必须解决的矛盾。

在与客户沟通的过程中，要注意重视客户的顾虑，例如重提已解决的问题，提出不切实际的价格要求，不愿意见面，拒绝进一步提供信息，遇到这些情况，销售人员必须高度警觉，可通过内部渠道了解客户产生顾虑的原因，或真诚坦率地询问客户的忧虑点，或借助第三方了解，没有必要把客户的顾虑当成拒绝。

想办法深入了解问题，邀请客户到现场考察，并与客户建立信任感，有耐心地长期和客户保持沟通，同时要尽力避免对客户的顾虑采取直按加压等不理性的处理方法，否则会加重客户的顾虑，导致订单丢失。

对运营服务费用提出的时机，应在介绍产品功能和客户利益点时，观察客户的反应之后再做决定。如果客户表现出兴趣，应马上切入，介绍运营服务费用的收取方式与标准。千万不能等到双方已达成购买意向时再谈这个话题。否则会让本以为可以免费使用的客户陷入尴尬境地，同时怀疑推广物联网产品的诚意，认为我们就是为了收取服务费而来。相反，当客户感受到运营服务能够解决自己潜在的需求并产生兴趣时，提出收取少量或性价比高的费用，客户会觉得物有所值甚至物超所值，从而欣然接受。

### 四、项目签单路径

客户拜访是签单的常规方法。为了提高上门拜访的成功率,需要"敲门砖",例如:回访老设备、老客户推荐、同行介绍或其他途径。

当销售人员进入客户公司时,要找到一位愿意接纳或认可自己工作的人员,向对方解释产品特点并了解客户内部人员情况,找机会请对方安排与关键决策人沟通。

与客户方的关键决策人沟通时,重点是找出客户的痛点及其影响,使之产生解决问题的愿望。业务人员把这些期望与自己的产品与服务进行匹配,提出有效的解决方案,从而逐步促成销售订单。

设法与更多部门的人沟通,也是找到客户痛点的一个有效方法,例如,设备操作人员对设备使用情况与常发故障最了解,财务人员对设备运行成本更了解,采购人员对同行产品情况更清楚。总之,通过多方了解情况,可以多角度透视、全面掌握客户设备存在的痛点,在此基础上进行方案准备、制订推销计划、设定话题,然后就可以胸有成竹地跟关键决策人沟通,用翔实的证据将物联网产品对客户的价值呈现出来,就可能打动关键决策人,将订单一举拿下。

总之,识别客户对物联网产品的需求,将痛点转化为解决方案,这是销售的第一步,也是物联网应用的第一步,而最关键、最本质的是,必须迈向以服务创造客户价值这条道路。

### 五、打造陪伴客户一生的服务体系

签订合同是物联网产品销售的起点,是第一步。第二步是从销售迈向服务,销售经理开始转身为客户经理。

新的产品在用户处打开后进入"新玩具期",此时客户内心有所憧憬或好奇，但真正考验客户的是如何使用新产品。这时，作为客户经理，务必加强与售后安装调试人员的沟通，及时掌握设备安装使用与各类故障的情况，例如通信故障个别中断、传感器绑定异常、传感器通信密码异常、仪表绑定错误等。所有的故障推送必须建立在客户经理与客户之间的微信平台或短信平台上。每周至少一次对新客户的使用情况进行回访，每月一次对老客户的使用情况进行回访。

在客户回访中，要重点关注客户使用物联网产品后对称重数据的实时、分享、数据监管；故障推送，防止作弊，挽回客户的损失；故障推送及时，让客户的设备待机减少等信息。同时还要重点关注物联网为客户带来的新价值，并为新的客户业务开拓和老客户的设备改造产生的价值做好案例总结。而回访的目的旨在扩大客户范围，深化客户关系，建立客户互信，打造客户忠诚度。

成功的物联网销售一定是以客户的需求为中心，而非拘泥于产品本身。产品可以部分同质化，但客户需求一定是差异化的。物联网构建了信息直达的客户沟通平台和联络机制，最终会直达客户内心，使销售经理变身为客户经理，成为客户可信赖的专家和助手；使客户利益最大化，客户需求能够不断被满足，成为我们忠诚的"伴侣"。这是物联网销售的核心，也是每一个客户经理努力的方向。

\* \* \*

# 物联网服务费收入模式

物联网服务费能否收取成功，是物联网战略能否成功的一个核心因素，也是从制造业走向服务业的一个关键环节，更是决定物联网商业模式能否成功的基石。为了解决这一问题，我们必须清醒地认识到这个过程中可能发生的各种困难，克服急于求成的心理，将收费模式作为一个系统工程，聚集全部力量、扫除观念障碍、跨越市场门槛，使付费成为客户新的消费习惯。

一、增值服务必须体现在物联网服务过程

在物联网推广过程中，除了提供基本服务，如随时随地查看、分享数据，故障报警及远程察看，设备实时监控等，还应该提供触动客户内心深处的潜在需求，如提供每年的设备选型、体检、客户注意事项，以及利用定制传感器、仪表产品和协议技术、CAN 总线技术、故障自动报警、每日故障推送、随时现场服务及远程服务、定期校准检衡服务、第三方检测服务平台、视频监控不规范行为、限时服务减少设备待机时间等，帮助客户消除安全隐患，提高设备维护水平，提升设备使用效率，同时省时、省力、省费。只要客户真正体会到了价值，必然乐于持续支付每年的服务费用。

当然，我们为客户提供的增值因素必须与时俱进，不断开发创新，以适应市场需求的变化，同时保持并提高我们的市场竞争力。

## 二、运用总部资源迈入物联网服务市场门槛

在推广初期，总部推出新购设备前3个月免费体验、对首台设备服务费减免、服务费量积返利、多次购买服务费用部分减免、介绍其他客户购买服务费用减免、多年服务费一次性优惠购买、一次购进多台设备首年服务费减免等多种形式的促销政策，为物联网合作伙伴的市场推广输送力量，以达到吸引客户尝试、抢先一步占有市场的目的。

但上述方法只是初级的推广手段，从长期看，要持续收取物联网的运营费用，必须深入客户内心需求，获得终端客户认可并产生服务依赖，从而心甘情愿付费，并养成到时付费的习惯。这不仅仅要依靠合同的约束来实现，关键要让终端客户真正体验到物有所值而依赖物联物产品，产生持续购买服务的心理动力。

因此，在推广中，我们必须用心寻求客户的需求点，运用我们的综合能力，将需求点转化为卖点，将卖点转化为增值点，进而将增值点转变为长期服务点，这样才能使服务费用收取成为可能。同时还要做到持续创新服务与产品，从而实现服务费用的不间断收取。

## 三、提升合作伙伴的销售能力和产品市场占有率

合作伙伴是推广物联网战略的中坚力量，推行物联网商业模式，也离不开合作伙伴的努力。对我们的合作伙伴，我们有如下期待：

其一，在物联网市场推广中，首先要让终端客户明确这是一种历史潮流，就如当年机械设备走向电子设备、电子设备走向自动化控制设备，具有很强的前瞻性和先入为主性，晚选不如早选。说服客户选择物联网产品是

合作伙伴营销的基本功。

其二，合作伙伴通过量产规模化来控制材料费用、人工费用，把控制后节约的成本让利于物联网客户。预计新增设备每台可节省 300～400 元，同时收取 300～400 元/年服务费。先让利再推行收费模式，突显了我方的诚意，有利于赢得订单及提高市场占有率。

其三，通过后续一系列服务，故障分析报警、大数据分析、设备选型等，为客户节约设备总体运营成本、保障设备运营水平，以此来显现物联网产品的意义，使终端客户得到的价值远远大于服务费用，让客户体验到物有所值。

其四，建立与终端市场不断沟通循环的平台，既抓住后续服务市场，又抓住改造升级市场，为建立与终端客户一生合作关系奠定坚实基础。

四、普及物联网产品市场，引领物联网服务理念

将电子称重设备彻底过渡到物联网设备，是近几年来柯力与合作伙伴的共同信念。为了尽快实现这一理念，我们一是将所有的新设备进行标配，通过对低端 K9-W、D08-W、D12-W 只增加 100～200 元/台成本，作为最低成本标配；对 D39-WA1、WB1 增加 300～400 元/台成本，作为中端市场基本配置，也作为物联网产品推广的标准配置；对 D39-WA4、WB4 增加 700～900 元/台成本作为高端标配，并辅之以 CAN 技术和柱式系列传感器，作为防作弊基本配置，显现防作弊数据准确的物联网产品特性。

同时，加快图像与视频 W1601-S 体系的开发，W1701 工业物联网系统、物联网数据大分析系统、D39-WE 国际市场物联网体系等作为标准配置，来提升物联网产品技术含量和产品品质。

加强无人值守体系和企业信息化中的 ERP 接口、称重软件对接，加速利用总部各类优惠政策进行老设备物联网改造升级，让物联网产品在市场

中逐步普及，再逐步通过后期的多物理量包括角度、温度、湿度自动识别故障传感器物联网产品，最大限度防作弊自动报警及最大难度的防作弊产品，D28仪表电脑化平台等产品不断创新来进一步确保物联网产品市场成功推广。

为了物联网产品后期推广和价值挖掘，我们必须迈开第一步，将设备物联网化来赢得市场占有率。所以，我们必须将设备物联网化和无人值守、与老设备改造、与新客户订单、与对手竞争产品差异化联系起来，整体筹划，并把产品改造、新产品销售、产品系统集成化、产品信息化的一小部分利润转化为物联网的产品成本及之后一两年服务费用成本，倒逼自我不断在产品、技术、管理、人力资源等多方面创新，适应市场变化，适应终端市场需求和日益激烈的竞争要求，真正建立服务新模式，实现新的赢利模式。

### 五、通过后续优质服务来推进服务费用收入模式

全力抓好服务，找对人、挖对需求、做对方案，让每一次服务体现对客户的价值。体现价值的方式是加快体现服务的快捷及时，体验服务的人性化、智能化，体会物联网产品的魅力和品位。

在每一次服务中，无论是元器件更换还是成套设备改造，无论是信息、数据服务还是设备升级改造，无论是产品校准还是其他计量设备第三方检测与服务，我们只要在服务中收取一定的费用，就一定能消化物联网服务成本。其中的关键在于，产品创新必须符合客户内心需求，我们的服务必须让客户满意。

我们和合作伙伴能否把企业经营全面推至一个新的高度，即物联网高度，取决于我们能否登高望远，以眼前较小的投入去换取未来更大的收益，培养并激发用户物联网理念，努力扩大市场占有率以赢得更多为客户服务的机会，以创新的精神去推进行业进步和产业转型升级。只有这样，才有可

能带来物联网服务收入模式的成功。只有解决服务费用收入模式,才能使我们不断强化物联网与客户之间的黏性,才能使得我们的产品和企业更具生命力!

\* \* \*

# 创新商业模式,打造客户价值

物联网是新一代信息技术的重要组成部分,也是信息化时代的重要发展阶段。以用户体验、客户价值为核心的应用创新是物联网发展的灵魂。

目前,物联网发展的最大制约因素是商业模式。探索出可持续赢利、价值共享的商业模式,是物联网真正走上健康发展轨道的前提。

创造一个好的商业模式,需要回答这几个核心问题:如何为终端客户或设备客户带来价值?如何实现收入模式和盈利模式?如何创新有别于常规的竞争手段?如何实行量销并尽快超越盈亏平衡点、获取赢利区域面积不断扩大?

下面谈谈探索物联网商业模式的几个关键问题:

## 一、需明确物联网正在改变对传统设备的定义

传统设备提供一个个单一数据,而物联网设备不仅仅提供数据,也提供自故障报警,还能确认数据是否正确、有效,更进一步的是,能预见数据何时开始失效,即设备生命周期研究,从设备故障等待维修到设备自故障报警,随时启动设备生命预警。这要求设备制造商敢为天下先,致力于变革,充分考虑如何提高客户黏性,充分利用资源满足客户定制化和个性化、软件化与

信息化需求。

设备制造商要把物联网作为双方战略合作关系的通道和基石,源于市场又不断改善最终回归于市场;再根据物联网设备发展兼容其他设备,不断将其他设备应用于客户管理系统中。早一步踏入物联网,意味着早一步赢得了解客户需求和服务客户终身的机会。物联网也倒逼企业提升服务质量,提升研发实力和市场洞察力,提升客户战略关系,最终提升核心竞争力。

二、紧紧抓住物联网后发收入倍增模式和利润创新点

第一,根据故障报警结果分析,告诉终端客户为体现设备价值和现实预防,要对设备进行防作弊(柯力九大防作弊方案)、防雷击(柯力四大防雷击方案)、防鼠咬(柯力专题五大防鼠咬方案)、防爆(柯力三十一大防爆产品方案)升级,帮助客户直面已经产生的问题,做出二次销售方案,真正服务客户需求。

第二,重点推介软件方案。物联网是将信息系统转化为企业管理系统,让称重软件技术和大数据分析技术在PC端界面和App上呈现,直观告诉客户每次产生交易的情况和数据的核心内容。

第三,将交易系统开发为App支付系统,实现物联网的功能价值最大化。

第四,无人值守体系帮助客户减少人工成本和人为因素干扰。未来视频产品将作为称重设备标配,并且与称重软件结合,制作不同行业无人值守管理系统,将多种报表查询、内置榜单变更、过载记录、黑匣子等功能集合为一体,并按照远近、单双、单多物料配置给客户进行选择方案。

第五,根据过载记录和故障累计发生的综合归纳分析,建议对前期设备选型和基础情况进行总结并推送至客户,建议客户对设备进行二次改造,使之更适合现场需求,从而提升设备价值。

### 三、建立物联网设备人工智能化，提升后续服务价值

进一步提升设备智能化，监督设备使用、定期监察现场情况变化，通过大数据，综合分析不同环境下设备的计量性能，这些探索与研究将对客户设备选型和设备在实际使用过程中计量的可靠性、设备使用寿命提升、物料消耗、设备效率提高等带来巨大影响。

设备智能化，为不同客户任何情况下随时保证计量准确的各种要求做出个性化价值方案，拓展差异化高附加值，符合客户内心潜在需求，也可提升智能设备的后续服务价值。

### 四、转化利用公共或第三方设备，提升共享价值

将现有资源尤其是公共设备和第三方设备转化为共享设备终端，是物联网时代新的商业模式。柯力拟通过物联网子公司销售渠道和合作伙伴市场推广，自建宁波区域内共享称重设备终端，重置或把传统设备改造成无人值守物联网，与质监部门协同，和愿意共享的设备商或设备服务商共建新的商业模式。

当我们对原有的共享称重设备加以改造（免费）、植入标准化无人值守软件后，将提升其效率，减少人力成本，确保计量数据的及时分享和支付效率，在此基础上，可建立双方或多方各自的收入模式。

### 五、培育物联网应用丛林

衡器物联网正逐步向工业测力、安全检测物联网方向迈进，与港口物联网、物流物联网、化工行业物联网，以及智能仓储管理系统、智能环卫收集系统、无人商超管理系统、智能输液护理系统、智能畜禽健康养殖系统、智能数字车间等多种不同工业物联网系统，也有千丝万缕的联系。未来，随着设备

智能化的逐渐成熟,各工作物联网系统的融合空间将越来越大,市场空间也会越来越大,这是非常值得期待的未来远景。

柯力将利用现有称重物联网数据中心平台,逐步建立起与多种不同工业物联网系统的联结,利用大数据模型化形成新的大数据建设模型和算法,结合网络技术,提炼市场所需,开创工业 4.0 版的设备智能化,开辟为终端客户全面提升效率和效益的新道路。在这一过程中,我们不仅会实现自身的收入增长和商业模式创新,还将促进所有关联企业乃至整个宁波制造业的转型升级和创新驱动能力。

物联网商业模式是物联网市场推广和战略发展的最核心问题,需要根据市场变化调整竞争策略,需要坚持智能化、人性化、集成化的大方向,更需要坚守为终端客户创造价值的信念和促进行业变革、产业升级的远大愿景。只要我们策略对路、方向正确并守住初心,商业模式的运作一定会水到渠成!

\* \* \*

# 物联网场景中的共享设备新模式

共享设备是工业物联网推进中重要的商业模式,是充分发挥设备有效产能和减少冗余资源的良好途径,也是物联网应用的重要战场和推广路径。柯力在推进共享称重设备时,需要关注以下几个核心问题:

## 一、试点先行,稳步推进

首先以柯力宁波工厂和安徽工厂作为共享称重设备的试点单位,把设备改造为物联网产品,运用多种促销办法和共享现有人、财、物资源,目的是摸索出设备运营办法和收入增长思路;其次是运用共同资源和新的销售策略,把合作伙伴现有设备或新建、回购设备共享于设备运营;再次是寻求老设备用户,运用新的共享客户资源和物联网改造手段,结合吸引用户增长和设备服务的新策略,为设备操作人员提供快捷、准确、周到的服务,为货主提供公信推进计量数据,为交易双方提供共享互信平台,最大程度发挥老设备的功用;最后是打开自有设备用户围墙,把社会企业资源通过物联网产品战略和促销方法引入,寻求建立全新的商业模式,促进资源的共享。

为了使称重设备共享具备技术与服务上的可行性,在产品开发中,要使所有共享称重设备朝着物联网方向改造,两三个月内完成App、PC端、服务器软件包括 UI 设计、注册、地图、查询、导航等功能,完善共享设备称重软件功能包括收费算法和重量查询等;五六个月内完成用户信息录入、数据库建设、用户管理、报表管理,添加支付、充值、微信、QQ 分享以及好友磅单分享等各种功能,以及二维码生成及支付、防冲卡装置、自助终端一体化、D28 项目衔接等,形成全新无人值守自动付费的物联网一体化全新共享设备。

设备共享是全新的领域,有多少机会就有多少风险,这些尚是未知数,切忌一哄而上。而要伺机而动,先试后行,遵循合理半径、新旧资源融合、责权利对应、物联网应用、适当中止预置条款等多个投资原则,稳步推进,成熟一批投入一批、产出一批,务必保证良性循环。

二、多元合作,聚焦共享

共享称重设备要体现一个"多"字,参与共享者多多益善。只有参与者多多才能迅速普及,发展壮大。

一是合作体系多元化。合作方除柯力外,还有柯力员工、柯力合作的设备制造厂家、第三方合作者,以及计量工作人员、业务经理、物流行业人员、加油站企业主、停车场主等。

二是合作方式多样化。有松散型合作,例如,提供公磅地图和物流软件为司机服务,提供物联网改造和服务,提供软件自动升级和数据服务,提供共享设备营销思路和共享资源创新办法,提供检衡标准服务,建立全国共享称重设备、网络和合作联盟,建立无人值守和全自动化终端一体化,等等;有租赁型合作,客户将原有老设备委托柯力和合作伙伴经营,双方约定收入分成比例,或实行保底收入外的超额分成制,扩大共享设备量产后的边际利润增长。当然,也可以对老设备实行部分回购,只进行场地租赁,形成共享设备的品牌溢价和规模效应;有委托经营型合作,柯力在加油站、交通要道、工业企业集中区域、港口码头、物流集中地段、新兴城市规划要道上，新建一批共享设备，委托合作伙伴或第三方经营，形成确保基本收入外超额分成机制。

三是利润分配的多样性。从最轻资产的运营平台式服务收入和设备服务收入开始，过渡到委托经营式收入，再过渡到自身与合作伙伴投资分成，最后到重资产投入创收，包括所有设备投入和自我经营。总之，我们不仅要共享设备，也要共享利益，因地制宜，多样合作，以求得更好的合作效益和经营成果。

四是灵活合作、进退有序。既要轻资产也要重资产，既要平台式也要全自我经营，既要第三方委托柯力经营也要柯力委托第三方经营，既要考虑合作的方式又要考虑合作的期限及合作退出中止的前提条件，保持合作多样化。在设备共享基础上，以各类资源的更多共享来实现工业物联网时代下的共享资源发展，实现共享理念下的共同利益和共同发展前景。

### 三、突出亮点，打造价值

在市场推广上，突出设备使用者对设备的需求，如数据分享性、数据准确性、支付便捷性、寻找方便性等亮点。公司可以在百度地图、高德导航、凯德车载地图、"货满满"等多个物流软件平台上，以及在高速公路口、国道线、物流集中园、停车场边、工业区道路交汇处等多处设立共享设备广告，同时在各类信息平台上植入广告，并设立可以出售软件、地图、香烟等用品的有人值守岗亭，以吸引货主或司机了解和免费体验共享设备，建立起共享设备口碑，形成全国性共享设备柯力品牌。

在培养用户使用习惯上，运用推荐介绍客户奖励、量积返利、预存费用奖励等多种有奖促销方案，吸引司机或货主使用共享设备。同时积极沟通共享设备的管理部门，打好诚信牌，取得"公平磅"资格，让共享设备附近货主愿意用此设备作为信誉和公正的保证。

在产品应用上,突出搜索地图、导航、查询功能;界面上实现重量简明可信;收费上实现支付宝、微信支付;使用过程实现无人值守、二维码生成、自动称重、自动支付、自动累计等功能;物联网性能上保证设备状态故障报警、数据分享和实时传送、记录、备查,并配备检测车,为共享设备服务,以确保共享称重设备健康运行和准确可信。

四、战略协同,共同发展

所有应用共享称重设备,原则上都应安装物联网设备,并且对共享设备物联网运营费用实行前两年免费政策,第三年以最低运营费用价格进行收取,以实现物联网战略和共享设备的共同发展。

柯力对合作伙伴的支持包括在当地协助合作伙伴进行合理选址,协助甄选第三方合作伙伴,进行旧设备回购和委托经营等。此外,柯力还要在物联网技术尤其是软件和无人值守支持系统方面,也要在设备回购和新建设备下给予资金支持,更要在共享设备运营策略和管理创新策略上给予支持。同时,柯力共享设备体系建设反哺于合作伙伴,其硬件采购于合作伙伴,运营交于合作伙伴。总之,努力使共享设备成为合作伙伴,是物联网发展的重要途径,带动合作伙伴实现从制造业走向制造服务业、从销售设备走向销售数据和服务的蜕变。

站在产业变革平台上,共享设备将倒逼制造企业转型,促进正处于微利竞争状态下的企业不断分化,使之一部分走向制造服务业提供平台。也倒逼终端用户从购买转换为设备共享。

共享设备将树立公平、公正的称重装备理念,秉持数据防作弊技术手段,符合中国法制化建设的大方向。除了大中型企业和重点行业继续采购自有设备外,为中小企业和广大设备使用散户提供了共享平台,是节约资源、环境友好、共享经济的新的商业途径,秉承了国家"绿色发展"的新理念。因此,我们应坚定不移地执行下去,并不断总结运营思路和促销方法,为柯力物联网战略推进和共享设备策略落地而不断努力前进!

* * *

# 称重物联网的深度推进策略

称重物联网已经推进一年多时间,现已累计销售超过1.2万台仪表及实时服务近9000台物联网设备,实时运行近万家终端客户,其产品正为国内用户带来实时、全时的数据分享和设备自故障预警、预测性维护,产生了大量快捷性服务、故障性预警、防作弊数据,正在逐渐迈向设备智能化和服务全程化,正在逐步打造全新定义衡器、硬软结合、虚拟与现实结合、不断挖掘客户内心需求的工业4.0版本。

称重物联网运营一年多来,我们依然面对不少困惑,例如:运营费收取较难;实际商业价值未充分发现;合作伙伴如衡器制造商未充分利用好物联网的诸多功能,还停留在硬件产品延长的观念上,仅将其当作数据上传的功能性产品,而不是从顶层设计高度促进企业各项资源优化配置、深入终端用户内心挖掘需求、改善产品和引导用户使用产品,导致相当多的用户对物联网产品的兴趣不够。因此,在2018年,我们务必真抓实干,深入用户内心,用我们的匠心和韧心,加大物联网产品开发与推广力度,充分发掘物联网所应有的价值。

一、提升业务与市场的紧密结合度

所有柯力业务员每周要有一天时间,独自或会同设备厂商的人员深入终端现场,找到对物联网使用价值有体会或有话语权的用户决策人,找到物联网产品的用户关注点,提炼出真正产品的需求痛点的市场,并上传图片或表单,结合物联网周报和微信群管理,开始物联网价值发现之旅。

所有柯力及子公司的巡回服务和现场服务,必须增加对终端用户现场访问和咨询,按照明确的问题导向,了解客户真实的内心需求,例如:物联网使用有何不满意之处或需要改善之处?最需要解决的问题或最希望实现的需求是什么?等等。依靠服务力量解决客户的现场问题,同时去发现物联网产品的不足和客户的改善需求,为产品的研发与完善提供方向。

公司的研发人员也要奔赴市场一线,带着问题和渴望去寻找客户需求痛点和技术解决方案,并于微信群中或服务过程中,与柯力物联网粉丝进行沟通和反馈,优化设计,将研发资源投入到解决客户的真正需求上。

柯力的合作伙伴必须加强后台数据管理,时刻关注用户设备故障和使用情况;必须与终端用户建立微信联系,通过微信平台,随时与终端用户沟通产品、服务、技术等情况,打造物联网所提倡的终生伴侣关系。

二、加强新产品开发,适应市场竞争挑战

2018年,柯力将重点推出D28仪表,该产品集模拟曲线、手写输入、无人值守和4G通信功能、多语言多画面、多台仪表联网及在线升级功能于一体,计划于2018年3月份逐步推向市场,向衡器产品高端一体化方向迈进。

2018年柯力还将重点研究解决多物理量传感器,为实现衡器智能化和其他装备后续多物理量传感器产品的融合奠定基础。

此外,柯力还有一些正在计划中的研究项目,包括:带有AI(人工智能)

的传感器,如 ZS 传感器能有效感知限位变化情况和基础变化导致对传感器传力机构变化的预警体系;在无人值守上,研发完成用于取卡和 IC 信息注册的自动发卡终端,并开发完成拥有多个输入基础信息、多个摄像机、二维码扫描、App 显示、支持多种打印方式和 GPS 定位等功能的公磅一体机和差异化 D28 一体机;在软件上,重点完善含收发条机、人脸识别称重软件的触摸屏系统,开发细分行业称重软件、支付平台、含手持终端和预约排队的称重软件扩展系统,并重点进行自故障诊断、仪表型号显示、UI 界面优化、超载功能完善等一系列物联网软件功能的优化。

柯力还开始考虑立项,并于年内开发完成衡器制造商 MES 管理系统与称重物联网在线设备检测体系相结合的物联网增值服务产品,在设备准确性研究上尽快完成多物理量柱式传感器和自动故障诊断物联网数字汽车衡系统,开启设备生命周期研究。

### 三、形成大数据报告,提炼物联网价值

首先,在合作伙伴中建立每月设备大数据分析报告,包括设备端号、仪表端号、设备配置、行业、地址、设备故障信息、绑定、电子铅封恢复、设备在线或离线或长期离线状态、设备维保信息、过磅量、内码和零点区间、服务费收取等诸多信息。根据每一个合作伙伴的分析报告形成汇总报告,直接明了地反映所有设备的检测和后续服务情况。

其次,合作伙伴对物联网设备运营情况及大数据分析多次反馈,包括终端用户满意度、推送微信平台信息汇总反馈、后台管理情况总结、自故障报警的准确度研究、防作弊功效、设备使用频率及状态、用户设备提升计划等内容,并与柯力一起规范基础管理和安装调试流程,强化设备基础管理,分享设备信息,以保持敏锐的市场观察能力和客户服务能力。

再次,柯力要直接建立自身终端用户反馈体系,并结合合作伙伴反馈的

信息，通过重点客户走访和现场察看，开展咨询服务和提供更多解决方案，慢慢展现大数据的价值，由此走向基于产品运营的服务。

大数据报告需要我们和合作伙伴痛下决心，尤其要关注样本准确性、代表性、衍生性。柯力必须从传感器和仪表的利润中切出一块来养大数据、挖大数据，最终找到基于大数据并充分体现大数据价值的商业模式。

四、深入场景去发现商业模式

称重物联网能否在市场立足，取决于能否创新出可持续盈利的商业模式。商业模式不是闭门造车造出来的，也不是"拍脑袋"拍出来的，必须深入设备应用场景，与用户面对面交流，切实了解设备运行情况和客户真实需求，才能产生创新灵感。

在探索称重物联网盈利模式方面，我们有如下工作要做：

一是实现衡器产品高端化，以获取高利润。运用高端传感器、仪表，结合设备材料与工艺，结合物联网特点，强化服务特性，突出打造随时、准确和全天候的服务本质，进行多种物理量、多个数量传感器的实时监测，提升产品的层次，与国际品牌开展竞争。

二是实现衡器产品信息化，以延长利润链。一定要通过衡器产品的信息化，把磅房中的数据延伸至 ERP 管理系统。

柯力将与国内外著名 MES 公司、行业龙头企业（如建机物联网、物流物联网）、软件公司及 BAT 工业云公司合作，争取做到：凡是在工业现场的称重设备都能够改造为物联网装备；凡是需要新增工业现场称重设备的都优先选用柯力称重物联网。柯力将开放与这些公司进行对接的接口与协议，把柯力称重物联网融合到工业物联网历史潮流中。

三是衡器产品个性化定制，以实现产品增值。物联网大数据正在开启个性化产品时代，我们要根据设备使用环境、行业、企业类别等，对设备设计和基础设计、配件选用进行反向的反馈和优化,以最佳成本去满足终端用户需求,而不是凭经验生产千篇一律的产品。

四是实现衡器产品在线检测和服务提供,以服务创造价值。通过大数据分析,重点解决故障后二次销售增值和回访服务,重点推广同一行业招投标的服务记录和呈现超高的服务质量,重点讲解防作弊性能和随时管理数据的准确性,重点挖掘用户使用频率和选型的正确度,重点明确维保要求和下次采购需求和二次设备选型。

同时,对服务商有效防止传感器和仪表更换,提升服务效率和管理质量,建立起与终端用户终身合作的关系,使制造商、服务商黏住客户、贴近客户。

五是实现品牌形象高端化,提升品牌溢价能力。在招投标文件和应用典范上,要凸显物联网衡器的高端形象,以塑造用户对物联网产品的新认知。我们还要通过口碑服务,慢慢地树立物联网品牌,争取做到:设备制造商对无论是新增客户还是旧设备改造客户,都言必柯力称重物联网。当称重物联网品牌植入了客户内心,介入客户情感,才真正站稳了市场。

五、建设生态系统,实行新的销售策略

一是建立多样性的客户关系,针对客户的不同情况,采取相应的策略:

对于子公司物联网合作伙伴,明确考核力度,引导子公司变革组织机构、人力资源、销售策略、服务管理等体系,务必按照物联网战略重新配置与优化资源,并快速寻求一两个细分领域工业物联网嫁接于子公司,同时有效利用柯力现有的资源,实现融合发展。

对于用量大的衡器客户,实行产品定制及运营费累积返利政策,同时与在线率高低、常规产品返利结合起来考虑。在总体物联网运营费与仪表成本增加幅度很小的情况下,加强后台管理和防作弊数据管理,为大客户创造溢出效益；再通过衡器行业＋优惠的 MES 管理软件、高端配件、无人值守、公磅一体机、软件、供应链平台产品，为大客户带来附加价值，从而有效消化物联网带来的成本压力。在用量积累到两三百台后，重点培养大客户的物联网思维，并协助进行数据库建设和商业模式搭建，逐步引导大客户走进衡器物联网时代。

对于已应用物联网产品并且产生了亲切感的制造商或经销服务商，重点是听取他们对产品及服务软件的意见，一家一家听，一家一家收集意见来改善我们的产品。同时带动这部分客户在产品定制、软件服务、设备在线监管上多下功夫，以保障客户利润生命线的畅通。

对于其他的中小型客户，尤其是经销商，必须严格控制物联网仪表的价格和运营费价格，并严禁定制产品的使用，以前面三个部分客户在市场的竞争策略倒逼这部分客户逐步使用物联网产品。

二是打造物联网生态的多样性。加强与软件公司合作，建立战略性软件公司开放平台，包括各类 MES、ERP、CPS 等软件工业云公司和行业内知名软件公司；加强与同行的合作，有限开放物联网平台。对非衡物联网平台实行更高的开放度；加强与质检总局、计量局、中国计量科学院、中国衡器协会合作，加快物联网培训、物联网标准、物联网政策的推进；加强与大型企业合作，开展多台联网、物联网改造、大数据分析等业务。

三是加快从称重物联网逐步延伸至不停车检测、建机、港机、物流等多种工业物联网产业，进行垂直链打造；加快各类工业设计、检测、云计算、传感器供应链等平台链的搭建；加快共性技术、线上公共服务、市场与服务等公共服务平台的建设，既要把称重物联网嵌入整个工业生态系统，又要以称重物联网为出发点，形成多纵多横、多个公共服务平台的产业园区，乃至向产业社区发展。

四是积极推行国际称重物联网产品。要有恒心与国际客户保持亲切沟通，提炼成熟的案例；向首家客户免费提供物联网技术服务，以优惠价格提供物联网仪表；研发国际SIM卡，与仪表结合，帮助用户建立适应本地的数据库。总之，我们要从个别意向客户开始，撕开一道口子，打开一条通道，让海外客户在前期免费基础上突破本地竞争，以差异化策略抢占先机，同时通过有特色的物联网服务，为海外终端用户带来新的体验和价值，从而使我们的物联网战略推广到海外，使我们的称重物联网产品在海外落地开花。

称重物联网依然行走在路上，2018年是承上启下的一年，我们必须脚踏实地，走向终端客户的内心，走近制造商的核心利益诉求，寻求称重物联网在不同客户群体和制造厂商中的独特价值。

称重物联网是工业物联网产业全链的一部分，打造称重物联网具有启航工业物联网的重大意义。我们既要有耐心、有锐心，更要用心捕捉每一个商机，全力以赴，顺势而为，使称重物联网产业不断发展壮大！

\* \* \*

# PART 4

## 制胜未来
物联网时代的管理转型与组织重塑

# 物联网革命:从心智模式开始……

柯力,历经二十一年发展至今成为国内最大的称重元件公司,在国际市场称重元件行业中,无论从销售数量还是销售额来看,都是位居前列的重要公司。而且,柯力正全力以赴朝着物联网方向转型。从全球视野看,一个传统称重元件制造型企业向物联网企业转型,是一条艰难的道路,也是一条开创先河的道路。在向往未来的同时,无疑也面临着重重风险。但是,作为国内行业龙头,率先走出第一步,开辟称重企业转型新模式,带动行业转型升级,是我们义不容辞的责任,我们要不避艰险,勇敢地迈出这一步!

向物联网转型,需要我们从观念到组织管理、从市场战略到商业模式产生脱胎换骨的转变,这是一个巨大的挑战!转型成功与否,需要密切关注以下四个核心问题:

一、商业模式转型

物联网转型的压力,首先最直接地反映在商业模式上。过去的商业模式已不再适应物联网环境,需要我们进行商业模式创新。我们将从以下几方面着手:

首先,升级核心产品。物联网称重设备的标志是智能化、信息化和无处不在、绵绵产生的称重数据。走向智能化、信息化、数据化是我们产品升级的第一步。同时，物联网服务是从产品标配开始，响应客户要求，提供及时的产品升级改造和随时的专业服务，以此来保证终端市场和客户满意度，并建立与终端市场沟通开发的平台。从产品起步，向服务纵深化，是中国衡器行业的真正出路。

其次，升级服务渠道。通过项目式、平台式、资本运营式、总代理式、组建物联网技术服务公司等众多方法，开发全国市场渠道及省、市级渠道，把我们的产品和服务更便捷地交到用户手中。

再次，升级基础能力。我们组建研发中心、客户中心、数据中心、服务中心、自动化智能中心，全力打造内部的物联网支持体系，为企业向物联网转型提供可靠的保障。

最后，升级赢利模式。物联网利润来源于新设备销售、旧设备改造及升级、年服务费、一次性服务收费、信息服务费、第三方检测费、计量产品综合服务费等收入模式，也包括人力成本、服务成本、检测成本、销售费用等成本模式。赢利快慢取决于规模效应，因此，我们要把不断扩大产品销量和市场占有率作为核心任务，在增加销售人员、整合各方力量的基础上构建新的商业模式。

二、公司组织和管理模式转变

公司倡导内部创客化及阿米巴经营方式，鼓励国内业务员转型为物联网公司创业者，鼓励内部创客组建项目部，鼓励公司事业部变革及物联网体外孵化。同时通过资本运营进行资源整合，通过体外孵化、并购、内部创客化逐步示范，感染公司员工的创业精神，让员工看到趋势及创新力量，让员工主动转变自我和寻找事业的出路，让员工乐于协作，为转型者提供资源帮助，从而坚定有序地推进整个公司走向转型。公司需要为转型员工提供平台、政策、培训,为愿意转型的员工提供完善的试错机制和共享信息、共享成败案例的机制,形成一种可以跌倒也可以爬起来迅速前行的文化氛围。

2017年管理审评会现场

三、资本模式转变

对于柯力物联网战略,产品本身的变革必然会牵引行业变革和公司 IPO 的战略深入。无论是客观上的宏观、微观经济环境和行业背景,还是柯力主观上的"产品+服务""智能+互联网"的双核发展战略,都需要资本模式的转变。

物联网给我们带来了全方位的深刻变革,包括从横向产品到纵向垂直产业链整合,从元器件到物联网四大层面整合,从制造型企业合作到服务渠道和服务创新开拓,从一般行业企业合作到细分市场领先企业到区域性乃至全国性龙头企业资本运营,从称重行业到以物联网平台为枢纽的多个工业物联网转型。因此,资本运营的深度与广度将远远超过原来的称重元器件企业。而资本模式的转变,要求在人才选择和储备、项目来源和选择、谈判的信息和手法、资本运营财务合规和 IPO 要求、并购策略和财务政策、资源整合和优化配置、规范考核体制选择和审计内核等方面做出有力调整,最终促使公司走向新型资本融合的方向。

四、心智模式转变

心智模式的转变,是物联网转型的第一步,也是最关键的一步。柯力二十年来的成功经验,可能不会成为我们今天向物联网转型的动力,反而会成为成功的阻碍。因为否定自我、断臂重生是很痛并很难的抉择。柯力团队包括中高层管理人员都会习惯性地用原来的心智模式思考问题,但结果却发现,原来的成功经验会失灵。除了产品生命周期越来越短、技术进步越来越快让我们难以适应外,我们往往对外部环境的变化不够敏感、难以适应,并且很难下定改变的决心。

今天,柯力站在十字路口,中高层团队的领导力是转型驱动力,必须从内心深处进行心智模式的变革。我们首先要意识到,物联网是势不可当的潮流,识时务者为俊杰,我们只有紧跟潮流,才不会沦为落伍者;只有走在前面,成为时代的弄潮儿,才能赢得精彩的未来!

其次,思考问题和决策时,必须看到终端市场的客户需求,中高层人员需通过巡回服务、物联网研讨会、客户来访、走访终端市场等方法,深入了解今天客户正在变化的需求,同时超越客户的需求,挖掘客户潜在的需求,并将需求转化为公司各部门聚精会神的行动准则。

再次,从更高层次和更开阔的视野来看清宏观、微观环境,来看清行业企业变化,来把握组织管理、资本运营、商业模式变革,而不应停留在元器件制造商的层次和角度上。在柯力的组织机构调整中,有不少中高层管理人员还有诸如"为什么机加工与传仪制造部合并"等僵化思维的问题,从中反映出我们的管理人员心智模式还没有适应新的战略变化。

最后,激发管理者的创新精神。在柯力向物联网转型途中,鼓舞干劲和斗志,自然离不开物质和精神的双重激励政策。但对中高层管理人员来说,我们应该有更远大的、超越物质和金钱之外的追求,例如对企业和行业发展的贡献,对员工和股东福祉的奉献,对理想和事业的追求。而对所有物联网人来说,我们还有一个远大的共同愿景——建设国际一流物联网品牌。通过我们卓有成效的努力,服务国家,服务大众,成就客户,成就自我!

\* \* \*

# 物联网组织内部体系的管理变革

随着物联网产品销售的深入和物联网战略的推进,对物联网组织运行效率提出了更高的要求,这涉及到公司内部组织变革、国内业务策略调整、物联网事业部发展、IPO 与物联网资本运营等问题,公司各个部门资源协同与共享等内部运营体系必须做出深刻变革。

一、物联网的组织变革

一是组建发展物联网事业部,不仅负责管理所有物联网技术服务公司和物联网事业部自身确定的总代理,还负责管理所有的物联网项目部,并协同物联网产品销售与客户关系维护。同时,负责柯力物联网产品发展战略和人才梯队建设,优化原国内业务部门人才和资源,促进国际市场物联网产品总代理制和合作伙伴建立的进程。我们的计划是,2～3 年内把物联网事业部建成柯力第二大事业部,并在 3～5 年内发展成为核心赢利且利润增长最快的部门。

二是整合研发中心、软件部门,即原来的先进技术部的开发人才。把现有先进技术部集中向物联网软件方向开发,同时组建新的先进技术部,主要开发未来 2～3 年内需投放市场的产品如动态、触摸屏、无线等储备技术平台。

三是推进太平洋公司和成套设备部，向冶金以外行业转型。如向机场设备、化工计量、工程测力等工业现场物联网事业部转型，逐步把现有的系统成套部门和太平洋公司向工业物联网方向发展，利用现有柯力的衡器物联网平台并结合工业现场特点，逐步迈向物联网时代。

四是在各职能性部门中建立相对应的物联网协同岗位，如在人力资源部门建立面向全国各地物联网技术服务公司的人力资源服务组织；在财务部建立对物联网技术服务公司统一的财务管理制度及操作准则；在审计部建立专门对接物联网技术服务公司的审计专员；在战略投资部建立与物联网事业部的紧密合作，运用有效、有序资本运营为物联网发展服务。

二、国内业务策略与人员职能调整

对于直接项目部运营和推进平台式销售的业务员，提高其原定的奖惩指标，明确要求全力以赴开展物联网产品推广。

对于有总代理的地区，以及控股物联网子公司总代理下的区域，以年初确定的考核方案为基础，重新修正代理数量，使该区域业务员有责任、有义务竭尽全力协助总代理完成销售物联网设备数量。

在公司直销办事处负责的区域内如果成立了物联网公司，则对原来的考核办法和数量做出相应调整，该区域业务员或业务经理可同时兼任物联网公司副总经理职位，协同处理本区域内客户关系，并有策略地谨慎进行物联网产品的推广。

如果物联网公司所覆盖区域没有明确的总代理或业务办事处，则可以考虑取消原来的物联网产品推广任务，重点维护现有客户关系，并视公司物联网产品进展择机调整业务范围及业务方向，如非衡化。

在国内业务员人员布局上，紧紧跟随物联网战略，使部分业务员留在传仪元器件事业部销售团队，部分转入新的物联网事业部或在物联网公司出任相应职务，部分转向工业物联网事业部方向，部分继续深入到非衡市场开拓领域。

在业务员转型过程中，必须加强人员培训、薪酬与绩效考核、团队管理等方面的制度建设。而且，随着物联网战略推进和物联网公司发展需要，可能对转型业务员再转型，同时进行二次培训和引领，使之胜任新的岗位职责。

国内业务员及业务经理需密切关注客户关系变化及处理办法，选择本地市场占有率超过20%并有物联网理念和实施能力的客户作为深度合作伙伴。说服量大、理念一致的客户成为潜在合作伙伴，耐心等待一批正在观望的客户融入物联网生态圈。尤其是引导一批经销商、中小衡器厂家作为物联网公司的一级经销商或总代理下一级代理商；导入一批非标定制化客户，包括细分市场智能称重企业及传统汽车衡个性化定制；暂缓导入影响面大、敏感区域的客户；淘汰一批回款差、信誉差、产量猛降、不愿合作的客户。

三、物联网组织各部门的调整策略

随着物联网战略推进，导致人、机、环、法、料变化，相关的各部门也应随之做出调整：

制造部门需关注产品结构变化，并提高其他增量产品的自动化设备数量。

品管部门需加强物联网实验中心建设，改进进出库的品管技术及装备，提升仪表物料及模块自动化检测和生产自动化的水准，为树立物联网产品品牌奠定基础。

研发部门后续需要密切关注 W1601、W1602、W1503 等各类项目，通过各类物联网研讨会、展会、巡回服务、业务总结等渠道获取市场信息，使产品迭代开发获得源源不断的灵感。软件开发部需重点解决视频、iOS 大数据分析软件等市场需求问题。仪表开发部重点负责 10.2 英寸发射盒、Wi-Fi 仪表的开发。研发部门还要密切关注市场需求的和未来潜在的、符合人性的普遍需求,做好后续的技术储备和技术平台建设,以确保迭代开发的质量和速度始终走在对手前面。

客服部门需重新进行资源配置,加快与物联网公司资源共享,精简驻外人员的数量,充分利用物联网公司服务网络,同时加强自身项目部和平台式销售现场服务的质量和远程服务水平,提高免费热线服务水准和中试防错机制,同时还要重视队伍建设,促进少部分服务人员转型,项目部经理要朝着物联网服务创造价值的方向挺进。

四、物联网事业部的发展与壮大

2016 年我们完成了浙江温州、台州、宁波、舟山,福建泉州、厦门,江苏苏南、苏北等项目部的建设。项目部的任务:

一是了解终端客户需求,寻求合适的商业模式,深入市场终端进行物联网战略建模。

二是协同物联网子公司运营,总结运营突破点,寻求资源支持与协同,协调市场冲突并建立合作,协助财务、审计部门进行财务规范,关注成功模式及快速起量的"爆款"策略,进行人才规划、梯队建设及人员培训,促进物联网公司茁壮成长。

三是深度挖掘市场需求,从而引导研发部门迭代开发,引导各部门资源向物联网战略中心汇聚,主动沟通国内业务部门积累能量和经验,完成物联网战略布局和量的指标,主导物联网战略逐步走向纵深。

四是搜集并关注工业物联网的发展趋势,寻求工业物联网资本运营,寻找细分市场下智能称重及物联网平台的资本项目,导入国际市场物联网战略的合作伙伴,建设海外物联网公司,实现柯力深度转型。

总的来说，柯力的物联网战略转型艰难而繁重，必须谨慎理性，在战略目标的指引下，运用智慧、能力、勤奋、信念，攻克一道道难关，满怀激情而又从容不迫地一步步向前迈进！

\* \* \*

# 物联网战略下内部创业体系建设

站在物联网风口的我们，正在摆脱传统制造业的人力资源管理模式，正在扬弃传统股权体制下人力资本的定义，随着物联网战略推进，我们必须寻求物联网知识经济下的新人才战略，必须建立物联网时代下的共创、共享、共担发展机制，具体思路如下：

一、人力资本股权化

在物联网战略旗帜下，除了以现金投资作为股权外，还必须把人力资本视同股权的组成部分。当然，被纳入股权分配体系的人才，必须具备事业心而非功利心、理想与责任而非眼前利益、强调奋斗者为本而非安逸投机者。物联网价值分配体系必须向奋斗者和贡献者致敬和倾斜，这是柯力物联网战略中核心的人才理念，也是柯力基本法所规定的。柯力应坚定不移地执行物联网团队按贡献分享的政策，在创业时期和发展时期，不仅收获经营利润，同时享有共享投资机会，包括现金及人力资本投资的红利，鼓励团队从工作平台转化为事业平台。

柯力不仅把劳动力和资本作为创造价值的要素，还应该把知识及企业领导人（包括各级子公司老总及各级部门领导人）作为价值分配的主轴，只有重视人力资本因素,才能铸就物联网发展的基石。

二、确定创业体系中股权共享机制

柯力计划在公司 IPO 成功上市后,建立柯力物联网产业基金性公司,作为柯力物联网产业和创业创新的母基金,也投资于其他有助于柯力建设国际一流物联网公司愿景的产业。由公司出资 50% 以上,公司物联网事业部项目经理以上管理人员原则上作为股东,柯力所有愿意认同物联网战略的内部员工及物联网子公司部门经理以上管理人员、省级总代理等都可以作为柯力物联网产业投资公司的股东。

柯力物联网产业投资公司主要面向柯力物联网产业投资,包括并购重组细分市场的物联网公司、投资物联网子公司、合作合资组建第三方检测公司或第三方计量服务公司,作为 LP 参股第三方物联网产业基金等。原则上要求物联网事业部项目经理作为中小股东参与;鼓励与物联网子公司或总代理直接关联的业务经理、物联网研发人员、服务人员、中高层管理人员参与;同时鼓励全国物联网合作伙伴参股 IPO 后的物联网产业投资公司,并对这三年经营业绩优秀的合作伙伴给予期权奖励。

我们的总体构想是围绕物联网建设,形成共享机制。通过共享机制形成的强大推力,推进物联网战略不断前行。

三、建立物联网项目部合伙人机制

在项目部组建及项目经理录用时,原则上要求建立项目部合伙人机制,即项目部经理利用自有资金、薪酬留成部分、股东分红部分、信用资金等,作为项目部风险抵押金。为了鼓励合伙人全力以赴开拓物联网市场,一般要求项目部经理跟投 20%～30% 的比例作为风险抵押金,同时共享项目部利润,共担风险。

对项目部的运营结果，除了经营利润考核、给予折扣利润优惠外，年底奖金还来源于利润基数考核，平时奖金来源于产品销售收入提成、代理管理提成或服务收费提成，同时适当放大项目部经理在预算、费用支出、用人等方面的权力，以便进一步统一责权。

四、完善物联网价值管理机制

首先是完善财务管理机制，所有子公司、总代理、项目部要接受总公司各项管理制度约束，接受总公司审计，执行总公司预决算、资金管理、费用核算、成本结转、盘点等财务纪律。财务部资金主管每月或每周要审核一次子公司的现金流量报表，每月要审核一次预决算表，还要审核项目部虚拟现金流量表和预决算表。财务部经理审核每月资产负债表和损益表，并提出财务管理建议。

其次，构建市场冲突机制，对于跨区域销售建立备案和奖罚机制，对于招投标协调建立收入费用对等机制，对于共同竞争建立协同作战机制，共同促进柯力物联网发展。

再次，建立退出机制。针对业绩低下、或未完成协议中规定的最低利润点、或出现亏损、或未完成最低销量的子公司、合作伙伴、总代理、项目部经理，建立强制退出的规则。在每年4~5月份，针对上一年度财报，按所有净资产额退出。对因个人等多种原因而非业绩原因退出一般按协议操作。

最后是建立风险补偿机制。对于柯力内部员工创业，包括项目部经理、或总代理、或子公司制，对于设置的基本利润点80%～100%的欠缺，在两年内由总公司实际控制人以自有资金予以补齐利润差额，以便减少合伙人压力和鼓励合伙人创业。

物联网战略需要变革组织、人才、资本三者的关系，建立新型合作伙伴及合伙人体系是柯力人内部创业蜕变的方向。我们不单单是为了实施物联网战略，也是为柯力所有事业部门和员工找到一条可以共同实践的道路，一条走向物联网的新路;不仅仅是为了物联网发展,更重要的是为了整个公司转型升级,为了涌现更优秀更出色的柯力人,也为了让柯力基业长青而建立共创、共享、共担的百年发展机制。

＊　＊　＊

# 物联网合作伙伴开局阶段的行动纲领

从 2017 年开始，物联网市场进入关键的推广阶段，也是市场艰难爬坡的阶段，更是市场战鼓擂擂、催人奋进的决胜阶段。我们要马不停蹄，抓紧时间，做好以下事情：

一、积极行动，想办法黏住终端客户

所有物联网合作伙伴一定要赶快采取积极的行动，加快组织与队伍建设，充分调动一切资源，走进市场终端，想办法黏住客户。

一是重构新的组织框架，建立各个地级市分公司制，或者建立直销与经销商混合销售区域，或者建立独立项目制。在传统设备业务之上建设新的业务团队，主要从事物联网产品销售、改造升级、软件服务、物联网服务、第三方检测等业务；也可以继续改造老业务团队，辅之年轻业务员，辅之服务于业务的综合团队，在新的商业模式下创新组织方法。

二是针对业务和服务团队，建立新的招聘、面试、转正及育人、留人、淘汰等人力资源管理模式，形成物联网人才池和人才梯队。要不吝投入、勇于起用新人，建立良好的培训和培养机制，为打开物联网市场局面奠定人才基础。

三是建立每天业务员记录工作日记或 App 日记的市场信息反馈制度，

要求每个业务员或服务人员每天跟踪 3 个以上客户，并将这些客户的需求进行分类归纳，建立所有信息跟踪机制，对意向订单客户或无需求客户，每月或两月一次进行回访。

四是对新安装的所有设备必须配置物联网仪表，其新增成本，一方面利用总部资源，另一方面利用丰富化、差异化带来的价差来消化。我们一定要以长远目光来看待和处理这个问题，敢于承受现有物联网投入带来的压力。

五是对已安装物联网产品，建立每日故障汇总、随时与疑似作弊终端客户沟通的机制，通过物联网设备维保 App 平台、新闻发布平台、客户微信平台、电话沟通平台，创造一个不仅让客户用得好，而且让客户用得安心，真正产生物有所值的体验。

六是每半年提供设备体检报告、选型报告、使用注意事项汇总，让客户对物联网设备体验有新的感受，形成让客户想要服务并愿意支付服务费用新的服务模式。

七是建立新的业务与服务流程，鼓励业务和服务人员去发现"钉子"一样的客户需求，提供像"拔钉子"一样有效的解决方案，并建立客户摸底、接触、找人、询问需求、做方案、调整方案、商务合同、安装调试、首次服务、连续服务、增值方案的业务流程，通过连续跟踪推进，促使客户再次购买并不断激发新的服务欲望，通过这些销售流程与客户电话、微信、App、现场见面等沟通平台进行矩阵式协同，来逐步推进物联网业务。

二、激励团队，将产品和服务推向市场

发挥人的作用，是物联网战略实施的关键。所有物联网合作伙伴要做好团队激励工作，创造一切条件，将产品和服务推到市场上去，让客户用钞票为我们点赞。

一是必须建立物联网战略愿景，坚定不移地朝着物联网方向前进。衡器行业不发展，称重物联网就是死路一条，纵然发展物联网艰难异常，但这是一条奋斗之路、希望之路，我们只有打消一切消极退缩的念头，坚定不移地往前走，才能拥抱新希望。

二是把销售目标分解至每个地级市甚至县级市的分公司、项目部、经销商、直销人员身上，并且做好与常规产品销售数量及改造数量不同匹配比例。对合计数量要留有余地，对产生缺口的数量，需要提前进行直销人员、项目部数量的及时储备及经销商数量的扩充，提升业务员和经销商的素质，也可以要求总部派遣人员进行协助。

三是加强产品差异化分布，尤其在低端产品上，利用总部开发的D08-W、D12-W、K9-W等数量及服务费六大减免政策、服务费及仪表返利折扣政策，利用总部改造仪表、传感器的回收政策，促进成本差异较小的低端产品物联网功能普及，夯实量的基础。

而对中高端产品，利用独特区域保护政策，定制软件、仪表、传感器、界面及Logo、协议政策来维持合作伙伴的利润增长趋势。

在日常的销售中，必须关注服务费用，可以按照不同物联网产品使用功能及服务分类，如基本服务及增值服务来确定收费标准。增值服务主要包括：称重数据信息化，可以与客户ERP等企业管理软件对接，实现信息化管理；定期检衡服务，提供设备选型报告；设备定期检修服务，提供每年设备体检报告；无人值守视频监控，预防称重过程不规范行为；设备故障抢修，4小时内到达现场；设备定期运行报告；设备运行数据分析，提供日常注意事项建议报告；提供称重现场无人化系统建设服务；柯力物联网云服务，提供客户发布信息平台，为客户创造信息服务价值；提供从秤台设备选型、基础方案到设备安装、调试、检定一条龙服务；其他计量产品第三方检测服务、校验服务等，这是最能体现物联网本质的服务内容，也是合作伙伴最应该下苦功夫、花大力气去抓的一项工作。

在业务员工作日记中和服务人员的上门服务调试中，专门罗列基本服务和增值服务各个选项，对于需要新增的服务内容，则需要合作伙伴和总部之间不断迭代开发和跟踪落实去创新满足客户的需求。

四是创新服务资源和激励机制。如专门检衡车辆及服务车辆，满足服务客户要求，同时创新项目部及业务人员考核体系，建立分公司制或独立的利润考核体系，让业务服务团队建立相应期权激励和股份奖励机制，享受超额利润的分配机制。

### 三、优化资源，用"四化"疏通营销渠道

合作伙伴还必须优化资源，抓"四化"下沉渠道：

一是在合作伙伴生产体系中坚持产品丰富化，向着小地磅、动态秤、行业专用衡器、分选秤、物流体积测量仪、检重设备、机场专业设备等多个领域的产品制造方向迈进。

坚持产品差异化，利用生产优势和设备引进、工艺再造进行两条生产线作业，有条件的合作伙伴对地域广阔的市场建立分厂制，以分摊综合生产制造成本及节约物流费用，同时占有市场。

坚持产品智能化，对所有产品执行物联网产品标配，提升设备人机对话能力，逐步在上量的基础上建立合作伙伴嫁接总部资源，营造自身数据中心。

坚持产品服务化，逐步提升软件、服务、改造、第三方检测等收入比例，提升合作伙伴产品毛利率，赢得市场竞争。

二是加强渠道下沉，基本下沉至县一级渠道，把物联网渠道之网结得更结实更紧密。给予经销商从回收、区域保护、集中市场促销、设备和服务费甚至运费返利政策、产品定制、资金支持、易损件赠送、技术支持、招投标支持等十多种支持政策，织就经销商渠道之网。

对部分中小设备厂商，利用总部优势，进行区域性的独家资源支持和出现市场冲突时协同优选备案处理原则，把更多设备厂商团结起来，为柯力物联网战略服务。

对计量体系渠道建设，必须发挥 W1505 在物联网产品检定周期、检定费用、公磅及特种行业管理、源头管理功能。建立与计量人员共享物联网产品及服务利润的机制；建立合作伙伴为计量部门现场服务及利用计量资源服务能力的机制；通过计量媒体如专业杂志《中国计量》等和网络的宣传，加强宣传力度；加大计量质检部门培训力度，逐步把物联网产品的信息和服务创造价值呈现于计量部门，加大物联网产品推广力度。

在渠道建设中，所有合作伙伴必须重视原先安装的老设备改造升级服务，利用物联网产品技术优势，结合上门沟通宣讲，统一寻找老设备客户对物联网产品的需求；设计不同服务及增值方案，从免费体验、免费改造到收取基本信息费及元件费，再到十一项增值服务对应的价值体系，再到无人值守与 ERP 对应信息管理体系方案，再到年服务及所有计量产品第三方服务纵深体系，使老客户对物联网有选择、有体验、有认知、有概念，以物有所值、物有超值的物联网服务，让客户从满意到惊喜，实现服务客户、成就客户、创造客户的战略目标。

三是整合差异化资源。对于合作伙伴内部，充分挖掘业务团队、经销商渠道及人力资源，挖掘服务创造价值资源，挖掘生产规模及差异化资源，挖掘老客户及大项目资源，通过物联网嫁接推进合作伙伴转型升级，提升合作伙伴内部资源最优化配置。

同时，合作伙伴可充分享有总部对于合作伙伴在服务费减免、人力支持、培训平台、资金支持、服务支持、独家保护、设备及管理流程支持、服务平台检测设备、展会及促销政策支持，以及新产品开发、物联网研发园区建设、资本运营及产品丰富化的资源，利用自身现有的渠道及生产优势、人力资源优势发挥集合效应,为物联网战略产生整体效益。

对于兄弟合作伙伴,通过微信平台、研讨会、展会及良好人脉关系、共享优秀案例和营销思路、服务资源协同、招投标保护、成本控制经验及设备资源集约采购、产品调剂等各类资源,促进合作伙伴间的效益提升和企业发展。

四、转变理念,进行"破坏性创新"

物联网合作伙伴要转变理念、提升战略、创造未来,要知道物联网不是产品而是战略、不是收费而是服务;不是眼前收益而是长期的投入产出、溢出;不是产品延伸而是体系创新;不是从衡器到物联网,而是物联网战略仅仅把衡器作为一个硬件组成部分;不是把产品销售后一了了之,而是从产品安装调试结束之后,才开始物联网之旅;不是简单为用户提供设备和售后服务,而是挖掘客户需求、超越客户需求,给客户带来服务的惊喜和品牌期待的体验;不是企业持续产品改善和盈利点增加,而是企业脱胎换骨的改革,是革命性的再出发和竞争中的重新站位、抢位、卡位,是事关合作伙伴生死存亡的一项战略变革。

正如颠覆性创新之父克里斯坦森所说,你要么是破坏性创新,要么你被别人破坏,合作伙伴要实现从制造到服务,从单一设备数据到大数据,从设备厂商到物联网企业质的飞跃,必须进行"破坏性创新",深刻把握战略转型所需的对市场的洞察力,对市场机遇的把握能力,对市场的切入能力,能够根据市场需求新的变化,因势利导,随时进行能够融入新合作伙伴的组织机构及组织体系变革,包括对组织变革下人力资源储备、培训、培育、成长、薪酬、留用等各个板块变革;对年轻一代合伙人项目或公司众创空间建设;对内部员工创客化。同时提升总部资源利用,共建合作伙伴资源共享的能力,提升自身融入物联网生态圈的积极心态和有效定位,提升生产制造成本控制能力、销售渠道拓展能力、品质控制及设备自动化能力、软件开发和应用市场能力。在物联网组织中,没有竞争,只有竞合,变对手为合作伙伴,构建利益为纽带的新的生态系统。

变革考验着合作伙伴,尤其是合作伙伴方总经理的综合能力,对心智模式、学习能力、自我成长、团队领导力等多方面提出了提升要求。特别是要求总经理必须有长远的眼光、广阔的视野、博大的胸怀,以大格局进行大布局,实现产产互动、产网互动、产才互动,协同总部将利润规模、影响力的其他因素拆分至不同主体,以结构优劣突破发展限制,实现跨企融合,促进多方共赢和影响力、盈利力快速积累,这是一项艰巨又复杂的综合管理工程。因此,新的征程中,必然布满荆棘,异常艰难。但是,正如《易经》中所说的"无平不陂",世上没有一条现成的通天大道给追求成功的创业者行走。怎么办?"天行健,君子以自强不息",成功的大道必然靠自己去开拓。我们要珍惜物联网时代赋予我们的使命,用自己的肩膀挑起引领风气之先的责任,义无反顾地去追逐、创新、发展,为实现称重物联网战略的伟大转变而扬帆起航。

\* \* \*

# 聚焦物联网战略目标,加快业务团队转型

物联网推广已进入开局之时,市场一线的业务团队首当其冲,要引领公司内部资源的聚焦和客户资源的战略协同、终端市场客户的需求激发。因此,物联网战略转型首先要从业务团队转型开始,在同一物联网梦想、同一物联网战略目标的引领下,我们必须以壮士断腕之勇气,坚决推行业务团队转型。

一、推倒思维之墙

我们必须从思想上清醒地认识到,物联网战略是业务生涯的一个历史

2017年,柯力全体国内业务员上海培训

转折点。不管你在行业或公司资历多长，不管你处于哪一层次，物联网战略使每个业务人员站在同一起跑线上。也许今天你的元器件或设备或系统销售位居团队前列，但对于物联网销售来说，必须重新出发。因此，所有业务人员必须抱有这样心态：既然是历史潮流、大势所趋，晚做不如早做、迟做不如先做，犹豫不决不如甩开膀子干。

这是一个新的历史机遇，一马当先，勇者胜、智者赢的物联网时代到来了，进攻的号角已经吹响，冲锋陷阵的时候到了！这也是业务团队重新定位、站位的过程，在新的起跑线上，每个业务人员都要保持归零心态，为物联网时代的需要重塑自我。尤其对于原有的优秀业绩业务员来说，过去的战绩不代表未来的业绩，过去的知识、经验和思维模式也不再适应于物联网时代的需要。我们必须推倒思维之墙，抛弃抱残守缺的心理定势，而以扬弃的精神自我否定，以蜕变的勇气超越自我。

二、学习领悟物联网

物联网销售有别于传统产品销售，物联网客户端的需求，需要激发也需要引导；同时，由于技术的日新月异和竞争策略的不断变化，前行的道路定然会崎岖不平。因此在物联网推广过程中，我们既要保持战略定力，同时也要保持创新精神，随时不断调整战术，加快新产品迭代开发。

物联网创新是一门全新课程，为了更快更好地出成绩，我们一方面要倾听客户的声音，去伪存真，辨别每一个细节之处，于细微处寻求用户真正内心需求；一方面要加速新技术学习，如无线低功耗、NB-IOT[1] 或 ROLA[2] 等低

---

[1] NB-IOT：Norrow Band Internetf Things，又称窄带物联网，是由 3GPP 标准化组织定义的一种技术标准，是一种专为物联网设计的窄带射频技术。

[2] ROLA：Long Range，是美国 Semtech 公司采用和推广的一种基于扩频技术的超远距离无线传输方案。

流量的通信技术，加强学习多物料无人值守系统、视频图像技术、App 界面 UI 设计、多种物理量测量的传感器技术，加快学习终端、设备、服务经销等不同类型客户在不同物联网产品生命周期的不同需求。

与此同时，我们还要通过分享来源于市场一线的客户需求综合情报，协助研发部门进行开发前端产品需求判定和汇集。在产品开发过程中，做好需求与产品对接调整工作。在产品开发后，做好市场试用及推广计划执行、推广效果评估及纠正推广计划，直至产品逐步被市场认可，并开启新一轮产品战略与市场协同。

除了掌握物联网各个层面的专业知识和不同系列物联网产品的市场需求外，业务人员还要学会帮助客户安装并使之能够操作 App 和 PC 端界面。在客户讲解和推广过程中，能够熟练使用手机 App 和视频推介，注意在自身不断吸收消化物联网产品知识的前提下，又不断将产品知识传授各级合作伙伴及终端客户，又将合作伙伴及终端客户信息通过微信群、业务日报、业务总结报告源源不断反馈给公司。在整个战略推广过程中，业务团队将起到承上启下的战略枢纽作用。

### 三、行动起来，全面推行物联网战略

不管处于什么样物联网推广模式下，所有业务人员必须积极行动，在市场中每日走访客户。对不管是衡器客户还是非衡器客户，言必称物联网，行必推物联网，起于物联网而终于物联网。

业务人员的工作内容，主要包括以下三个方面：

一是针对合作伙伴，做好业务沟通与反馈工作。沟通内容包括合作伙伴当月销售指标，核心是安装数量及指标完成方法和具体措施如何落实，在落实过程中需要业务团队和总部协助、调配等内容；与合作伙伴一起走到终端市场和经销商中间，了解经销商内心的想法及推广要点、支持策略；深度

掌握客户对于传感器、仪表、软件的差异化需求,掌握合作伙伴定制的产品应用情况、库存情况、补货订单;进一步沟通合作伙伴老总,寻求业务渠道下沉及柯力其他客户合作战略体系;协助合作伙伴做好物联网业务人员面试及招聘工作;协助合作伙伴做好财务规范及总部政策支持。

二是做好与市场一线人员的沟通对接工作。了解直销团队业务员的想法,询问市场推广难点和服务费用收入突破点;进一步沟通服务人员摸透终端客户对于服务真正要求,并挖掘服务增值点。

三是直接面对客户,进行宣传推广和需求挖掘工作。协助将柯力研发园区一院五中心十平台宣传手册、视频推广至客户;进一步跟踪每日故障推送及后续大数据分析软件为终端客户带来价值;进一步深入除汽车衡产品外的需求,包括无人值守、小地磅物联网、工业物联网、行业物联网等产品发展需求及市场反馈需求,综合反馈于每周六物联网周报中。

总之,业务员要深入市场一线,眼见为实,要接触终端客户,不能在办公室闭门造车,只有触及终端市场客户内心需求,才有可能触及物联网本质。

四、根据"剧情"需要,扮演好不同的角色

在不同物联网合作模式下,业务人员要扮演好不同角色,发挥不同作用。

一是对于有独立子公司的区域,业务人员的工作重点是,既要顾全大局,全力以赴帮助子公司完成任务指标,协调区域内客户成为子公司的新股东或新的合作伙伴,深化区域内客户发展战略;又要在合作伙伴协议许可的情况下挖掘差异化需求,积极推广中低端物联网产品,使之覆盖至所有客户群,从而努力完成公司下达的任务指标。

二是对于没有独立的子公司体系但有多家经销商的区域,业务人员在市场积极走访每一个客户的情况下,了解经销商市场销售数量及进展,了解终端市场对经销商的要求及经销商对总部政策的需求。关键要关注不同经销商的销售指标达成率，及时收集和吃透优秀的销售思维及案例，引导落后经销商奋起直追，确保以量作为后续核心合作依据，确保积量返利；同时也要关注常规产品销售最大化，尽力避免受到物联网销售体系竞争的影响。

三是对于现有市场推广较难而没有特定合作伙伴的区域，业务人员可以从中小客户入手，以平台式销售模式切入市场。同时，每月加强与区域的大客户沟通，观察大客户反应，寻找合作的契机。加快邻近省份物联网趋势对该区域的渗透，加快区域内中小合作伙伴扩大销售范围，加快全国性招投标和网络销售，形成终端物联网需求，倒逼区域内大客户无论在产品还是在战略上都乐于选择与公司合作。这部分业务员必须在煎熬和等待中捕捉时机，其充当的角色更多地偏向于成为区域内大客户的战略引导者和影响者，其意义已超越一般业务范围，需要业务员做出转型，具备更高层次的视野和专业能力。

四、抓大放小，在得失之间做出智慧选择

业务人员需要认识到物联网战略与常规业务的冲突。物联网战略必然包含一系列的权衡与取舍，有取舍一定有冲突。如何避小弊、趋大利，如何扬大势、弃小得，我们必须做出智慧的选择。

一是抓好自身产品性价比。打铁还需自身硬，只有优秀产品才能赢得客户内心需求。

二是强化公司20多年来品牌建设，让终端市场口碑稳固公司产品占有率。

三是形成非标制定产品体系。无论是否物联网合作伙伴关系，都严格执行保护客户的定制承诺，保护客户应有利益。

四是慎重选择合作伙伴。一定要选择有共同价值观，有大格局、大胸怀和战略落地能力的合作伙伴。设计合作方案时，既要有一定的时限和数量、业绩约束，又要留有余地，让更多客户资源融合到物联网发展潮流中来。

当然，对没有合适的伙伴或市场容量不大的区域，一开始应选择多个重点客户作为经销体系，不必坚守独家原则。

五是业务团队必须竭尽全力提升合作伙伴全方位的管理水准，加快团队建设工作；必须努力推进合作伙伴做好技术和服务创新，做好产品"四化"工作；必须努力推进合作伙伴做好新设备标配和老设备改造工作，加快销量的增长，以提升市场占有率和物联网普及水平。

六是无论客户是否选择与柯力合作，我们必须尊重每一个客户的选择。但同时要不厌其烦地向客户传导物联网理念与未来发展趋势，让客户明白物联网代表了未来终端客户需求，在三年内会有很大市场迸发，请客户务必选择物联网，作为物联网合作伙伴中制造、经销、服务等环节中的一端，与柯力进行物联网合作。同时表明我们愿意与客户合作的诚意，尤其会优先安排大客户合作。明趋势、讲案例、提事实、述方向，是我们说服客户合作的四大要点，即便眼前无法说服客户合作，也必须耐心并有计划地为大客户提供后续合作设计方案，并每月或每季度面对面沟通，寻求合适时机、合适方式推进合作的达成。

七是学会放弃。从业务端角度看，对信誉不好且各种要求过高的客户必须放弃。对于客户因为跟进物联网战略而选择减少公司常规产品订购，我们要以平常心去看待，在控制应收款的前提下，仍坚持成就客户。我们要以博大的胸怀去思考，站在行业整合的高地上冷静看待得失和追求有所作为。

八是提升柯力自身的物联网战略能力，包括产品、资本、自身项目部、服务驻点，既要抓住终端市场需求，又要超越对手，努力成为物联网市场的引领者。

五、把物联网战略作为业务职业生涯新的事业平台

我们鼓励部分业务人员转型为物联网子公司的高层管理者，可以领导

一个公司或业务团队开拓新的物联网市场，变革公司组织体系、产品体系、市场体系、商业模式，实现自身职业生涯规划与物联网战略进一步融合。

我们鼓励部分业务人员转型为资本运营下物联网公司的销售副总，把终端市场需求转化为子公司方向，运用各级资源和管理手法，沿着战略道路不断进取，实现行业整合和柯力IPO后的业绩增长。

我们鼓励部分业务人员转型为物联网业务员，从原来的元器件销售人员转型为物联网市场引导者、物联网战略执行者、物联网业绩推行者，并引领客户赢取终端市场物联网推广，帮助客户完成物联网指标，协同资源为物联网战略服务。

我们鼓励业务员深入市场一线挖掘客户需求，剖析终端客户对物联网产品的真正内心需求；同时，通过积极反馈客户需求，助力合作伙伴和总部将各类资源聚焦于需求并创造需求，以满足并超越终端客户的需求。在其他产品上，尤其是工业控制物联网上，从点到面、从企业到行业、从基本需求到差异需求、从满足需求到超越需求，利用已有的衡器物联网平台，进行非衡器物联网市场调查、分析、研究、汇总，以引导公司逐步从衡器物联网走向行业物联网，从称重到计量再到工业控制，逐步实现业务员发展和公司战略发展的不断融合。

公司发展正面临着不断蜕变创新，而对公司最重要资源之一的业务团队来说，同样面临新的起点，必须紧抓物联网的战略机遇，努力进取，让自己的业务生涯跃升到一个新的高度、新的平台，让自我价值与公司价值融为一体，在物联网的时代大潮中无限放大！

\* \* \*

# 物联网产品的销售管理

在物联网战略运营过程中,常规产品的销售管理办法已不适用物联网产品的销售管理,我们必须加以重视这一问题,否则物联网销售将成为物联网战略的瓶颈。为此我们要加快管理变革,为物联网产品销售疏通障碍。

一、销售流程再造

物联网产品销售流程,从一开始就要准备好客户拜访、回访的标准计划书,计划书中包含客户基本情况、基本需求、历史维保情况、客户潜在需求等内容。客户潜在需求包括除对设备本身的防爆、防雷、防腐、防过载要求外,还包括对软件、无人值守、数据信息化、客户信息管理系统、防作弊等需求。要求业务员在出发前确认工作计划书并按规定审批后,开始销售物联网产品之旅。

在销售过程中,针对客户拜访情况进行方案呈现和合同洽谈。

在销售合同签署后,建立客户使用物联网产品安装调试记录单管理体系,要求业务人员填写安装调试记录单,明确客户 App 安装人员要求和 PC 端界面操作确认;明确调试结束后的故障推送时间点;明确后续服务相关内容及客户满意度签字人,并交与服务人员操作。

物联网产品安装后，与客户建立沟通平台并进行需求再挖掘，方法是：对未满足要求的物联网后期产品进行跟踪，保持客情关系；在沟通平台上定期推送后期开发的物联网新产品，引导客户进行新的选择。对新客户，在使用后的前两个月，每周一次或每月两次回访；对老客户，每月一次回访，通过需求询问、沟通、满足机制，做好客户深度关系的维护和管理。

二、将客户真实需求呈现在销售方案上

物联网合作伙伴必须对客户需求问题做好准备，并有针对性地呈现在销售方案上。呈现的思路主要包括以下四个方面：

一是防作弊问题。包括定制的传感器、仪表、协议、软件、LOGO、CAN导线，以及智能开壳检测的柱式传感器、多物理传感器、自故障报警物联网体系、全球定位功能仪表、视频图像抓拍、防作弊的承诺及保险机制等。

二是数据安全与隐私。包括两路发，为客户定制服务器软件及建立客户数据中心，柯力自身冗余、备份、均衡器、防火墙等数据安全体系，确保数据安全保障。

三是称重软件和无人值守方案。包括称重软件与客户管理系统协议接口的源代码开放衔接、制作周期。软件具有自动登录、自动升级、自动核查、自定义要求、自编辑功能及各个标准接口，还包括无人值守的远近、单双、单多物料、自动发卡、多条监控摄像线路等功能。

四是大数据方案。即根据大数据分析客户需求，为客户提供切实可行的解决方案。例如：App 显示自动故障推送，推送后针对故障原因提供解决方案；对易产生作弊要求的客户管理改善、防作弊设备改造、作弊保护的商业模式制订；对质量问题及时处理、对过载分析要求设备选型调整、对产生质量的工况条件进行改善；提供雷击情况下的防雷措施及年保执行。

销售人员要全方位展示手机微信平台、短信平台、视频上传故障推送，讲解为客户挽回损失或预防潜在巨大损失的案例。平时要注意收集区域内已试用客户的案例，也可借鉴同行的优秀案例，并对案例进行分类总结，以与客户的不同需求相对应，例如在防作弊、数据及时、数据分享、大数据分析、信息化改造、第三方检测、设备维保选型等各方面，都有亲身体检过的客户现身说法，通过这些实证让客户信服、信赖、信任，从而开启物联网销售大门。

### 三、加快业务和服务一体化建设

物联网产品本质是服务，从组织框架调整看，原有的售后服务与业务部门原则上需要考虑合并。对新进服务人员一分为三：一部分向业务方向发展，一部分向业务和服务混合型方向发展，一部分从事专门的服务工作。同时改变服务人员的薪酬考核方案，鼓励服务人员多安装物联网产品，多开展物联网产品前期业务咨询及后期业务的升级改造，多学习和掌握物联网使用与故障排除方法。

同时，重视发挥物联网后台管理人员的作用，重点抓好故障推送后与业务人员的沟通；针对故障排除结果和客户满意度进行全程监督，做好每月故障总结报告；对故障情况进行分类，提供客户故障预防解决方案；根据预防方案，配合业务员进行第二次物联网价值挖掘，并再次跟踪方案执行结果，体现服务创造价值的本质功能。

从服务资源看，物联网要充分发挥软件功能，包括自动升级、自动锁机等功能，开展远程维护、远程服务，节约服务成本，提升服务效率。同时加大服务资源投入，包括服务车辆和检衡车辆投入，在为客户带来价值的同时，拓宽自身的盈利渠道。

从服务管理流程看，在售后服务记录单上，要区分常规设备与物联网设备。在物联网设备服务记录单上，增加业务人员填写内容：App 安装人、PC

端界面要求、故障推送时间点、故障推送后的实际接收人和沟通内容。在安装调试过程中，如果出现记录单内容与现场不符时，必须在物联网售后服务群体现与业务员的沟通内容。在调试结束后，服务记录单上必须呈现客户对本次调试的评价，以及对物联网产品需求挖掘的描述，由业务员确认后，才能报销差旅费。这一要求必须反映在财务流程中。

### 四、把物联网产品与经销商管理结合起来

经销商是物联网产品销售的主力之一，为了增强终端客户的黏性，先要黏住具有物联网理念的优秀经销商，具体策略如下：

一是对经销商合作进行分类，对优秀经销商，应考虑长远合作，朝着物联网子公司后序的期权激励或中小股东的方向发展；对唯利是图、目光短浅的经销商，应做两手准备，一手抓直销，一手抓新的经销商培育；对处于中间状态的经销商，应结合物联网子公司自身资源以及与这部分经销商的沟通情况做出判断，确认后续的合作方向。

二是将D08、D12-W物联网产品标配于优秀经销商，并与经销商一起分担运营服务费用。标配于中间状态的经销商，在经销商不愿意承担成本时，由物联网子公司来承担；为这部分经销商提供售后服务及设备故障信息，这既作为后续合作的基础，也作为后续不合作的可制约因素。对于不再继续合作的经销商，则考虑组建直销团队或作为经销合作伙伴标配物联网产品，逐步深入经销区域，开展物联网推广。

三是提升经销商的物联网素养，培养经销商使用物联网产品后为客户创造价值的能力，从增值服务和黏性服务中逐步获取物联网运营服务费用，建立起先体验后服务最后形成使用惯性的递进策略，黏住经销商。

四是应用物联网战略，为销售渠道建设提供了试剂和筛选、培养、发展经销商的途径。有共同物联网理念的经销商才有可能最后成为物联网子公

司的合作伙伴。愿意投身于物联网并全力以赴的经销商才是未来的战略合作伙伴。当然，我们也要理解和允许部分优质或中间类型经销商持暂时的观望态度，但必须引导和支持少部分经销商尽快建立物联网合作战略典范和榜样力量。

在物联网战略下，我们既要全力以赴，抓好销售管理，更要在传统的设备销售基础上，朝着物联网战略创新方向迈进，紧紧抓住需求呈现方案，提升服务品质和整合渠道，不断提升物联网市场占有率和市场盈利能力，以确保物联网战略的顺利推进。

\* \* \*

# 跨界融合:走向中国衡器工业4.0版

物联网将传统工业衡器带进了崭新的工业4.0时代。传统工业衡器是秤台+传感器+仪表,向物联网衡器进化,需要增加新的产品元素,如无线模块、无线网络服务器软件及大数据库、设备应用服务及后台数据库管理等,逐步实现电子衡器智能化+大数据+用户价值创造。

相对于传统工业衡器来说,物联网衡器不是数量级的超越,而是质的蜕变。但蜕变过程绝非一蹴而就。怎样才能实现传统衡器向物联网衡器的完

2018年,武汉衡器展会

美进化呢？

一、重新定义衡器，实现衡器产品智能化

通过对衡器产品秤台多个物理量监控，包括位移传感器对秤台变形、热胀冷缩、冲击影响来判断秤台及限位受力变化情况；通过温度、湿度、水分、湿敏传感器对衡器周边环境和核心部件内部变化情况进行监控；通过角度、电量传感器对安装及串入电路变化因素进行考量；通过对元器件老化和疲劳情况的监测了解产品生命周期，使衡器走向智能化，从而保障产品数据的准确度和提供预警提醒，解决目前电子衡器防作弊、防不准、防单一使用的痛点。

二、加快推进智能衡器产品产业化

产业化是智能衡器走向市场的必由之径。为了实现这一目标，我们还有很多工作要做：

一是加强研发投入，使智能衡器逐步成型，在每个省级安排一两个试点合作伙伴企业，进行全方位试点和推广。同时，柯力在公司附近场地加强中试建设，在公司现有实验检测中心加强对仪表EMC、辐射抗干扰等性能和传感器的疲劳情况等进行测试，加强钢材的材质、使用寿命等方面的测试；以公司现有数据中心为基础，会同中科院信息所，和软通、积成等公司组建大数据公司，进行衡器物联网数据采集、筛选、算法、分析等方面的研究工作，并提炼有效的客户应用价值数据；会同中国信通院等研究机构，在工业物联网产业园区中建立创新中心，包括创新装备物联网测试实验室、网络测试和安全测试实验室等，为加快推进物联网衡器智能产业化提供智慧支持。

二是加快推进子公司或合作伙伴的变革，逐步推进物联网销售团队的新人招聘、培训、储备工作，并探索和建立适应于物联网销售的业绩考核方法。同时推进衡器行业企业组织机构、人力资源、领导力转型，推进销售方案和策略调整，形成积累一定数量物联网应用案例的客户群，为大数据分析和用户价值体现奠定营销基础。

三是加速后台服务创建价值的能力，及时发现故障并加速启动服务，在帮助客户排忧解难的同时，推广后续增值服务和扩大设备销售，并加速体现软件自动升级、远程服务和远程解决故障问题能力。

四是加强衡器生产自动化水平，在生产中采用机器人焊接工艺，减少用人成本和提升自动化水准。在品质控制上，增加对油漆测厚仪、焊接检漏仪等先进检测仪器；在设备工序上，增加抛丸、烤漆、数控切割等技术工艺；在信息化上，增加生产调度、仓储、计划、物料采购、能耗、设备动态监控等数字化车间建设，使内部车间制造体系智能化。

五是建设用户需求分析和研究的部门，通过市场走访和用户需求挖掘，建立产品智能化的差异化体系和标准化提升工程，使柯力与设备厂家形成紧密战略合作关系；建立市场情报共享、案例推广等需求挖掘机制，使衡器物联网智能化体系与客户真实需求无缝对接。

### 三、朝着跨界融合化方向转型

传统衡器产品属于机电一体化，而物联网衡器4.0版则体现为软硬结合、由硬变软，虚拟与现实结合，满足并引导用户新价值。柯力和合作伙伴必须加强软件开发力度，解决工业衡器应用场景下的软件需求，重点准备好App软件、称重软件、ERP软件、接口软件、支付软件、统计小软件、数字车间装备软件等，并结合行业特性，融合客户需求，定位软件研发和硬件集成。

软硬件跨界融合有效解决了衡器产品硬件价格透明化造成的价格激烈竞争，提升了衡器产品的附加价值。按照用户内心需求解决痛点问题的报价才有真正的含金量，也更有竞争力。如果说软硬件跨界融合是衡器企业的一次转型升级，与客户需求融合，则是二次转型升级。这也是我们追求的终极目标。

此外,硬件与硬件也要跨界整合,衡器硬件产品要与视频、音频和无人值守、大屏幕、栏杆机等其他硬件结合,并且努力实现多台大小衡器之间联网协同,实现无人称重和称重过程中的有效监控。衡器企业产品逐步走向丰富化,将纯贸易计量结算功能性产品向着跨界新工艺过程控制、安全监测、吊具称重、动态称重、移动设备、物流装置等跨行业新产品方向发展转变,争取在新的行业细分市场中实现多维度的跨界融合,使工业衡器真正物联网化。

四、品牌差异化策略

品牌是用户内心诉求的凝结,是"形于忠、化于心"的符号。在衡器工业向着 4.0 版弯道超车过程中,必须考虑并执行品牌差异化策略。对标准化、低成本、大批量物联网衡器,可以实行做好原有品牌的定位和价格策略。而在新的高端领域和物联网领域中,采用新的品牌;对物联网新的商业模式如共享设备、准确度和生命周期研究设备、招投标设备等,确定新的高端品牌;对延长产品链包含无人值守等新衡器、深入到非传统衡器的物联网产品、出口至海外的产品,实施新品牌市场战略。

中国衡器工业 4.0 是中国衡器企业转型升级的必由之路,我们要跳出衡器圈看衡器,在外延上拓展产品链,在内涵上实现产品的智能化;在制造体系上朝着设备自动化、车间数字化、管理精细化方向发展;在产品发展上朝着丰富化、智能化、用户应用场景数据化方向发展。做大蛋糕,扩大价值圈,提升价值链,运用新的物联网体系创建需求,重塑企业在衡器物联网上的生态地位,这样才能引领中国衡器企业从容不迫地走向工业 4.0。

\* \* \*

# 工业物联网事业部发展的几项重点工作梳理

工业物联网事业部是柯力未来发展的核心部门。从智能制造角度来看，万物相连，尤其是适应工业装备的万物相连才开始，将工业设备产生的各种的数据、设备自身的数据、设备能耗及运行状态等各类数据一一进入 MES（车间管理系统）是未来工业物联网的梦想之旅，也是柯力未来的发展战略。巨大的市场容量和前行的产业园区，衡器物联网业务实践和数据中心建设，衡器物联网研发经验和商业模式探索，都对工业物联网后续的工作和发展产生了积极的影响，为工业物联网发展做出新的规划提供了事实依据和现实基础。而工业物联网事业部下阶段将重点完成以下工作：

一、加速组织机构向工业物联网转型

要将现有的压力传感器和未来新的各种传感器项目纳入工业物联网事业部各类传感器分部，并计划将各类传感器业务沿着无线模组、数据库、App、行业软件，直至与应用端设备厂商和集成厂商进行合作，驱使传感器产业走向垂直的产业链，根据实际情况进行产业定位，例如以传感器为主还是以传感器＋互联网为主，还是以传感器＋互联网＋应用为主，这需要从整体上布局柯力传感器未来的发展方向。

对于称重元件集成部门，除了原本的整机和配件业务外，应该有意识地朝着工业物联网方向发展，集中精力对外扩通信模块及运程状态、故障信息进行技术前期开发，重点拓展传感器电流检测和状态、各类计量参数和通信参数及预置点参数、累计工作时间和超载记录，增加上下限预警功能。根据用户需求开发的硬件要具有上传称重数据的功能。

对于干粉砂浆事业部与工业物联网的结合，一是抓紧运用多维量，包括角度及温度传感器进行称重准确性监管，并加强料罐称重传感器的标定和工业仪表的物联网改造，最终实现将干粉砂浆料罐租赁纳入物联网体系；二是建立干粉砂浆 ERP 管理软件，并且与生产管理软件包括车辆调度软件相结合，建立 App 及 PC 端的 UI 系统，从而使干粉砂浆的用户租赁设备产生增殖和客户黏性，也使事业部后续能有新的利润空间和完善的产品链；三是形成从设备租赁到设备准确，从设备准确到生产调度和数据服务链，驱使整个部门朝着物联网方向发展；四是根据"数字工地"的未来发展趋势，运用资本运营和自行开发，将其他建机租赁业务和制造体系与设备物联网相结合，对软件技术、业务渠道和数据库进行共享，对大数据分析和数据中心进行共享，重点开发塔机、吊机、施工升降机等安全监测，打造具备防撞、称重、计量等功能的物联网体系。

对于起重机械物联网、不停车检测系统物联网和其他的工业装备如医疗器械、消防设备、注塑机、机床等，根据产业园区实际招商投资情况和现有的业务产品进展进行逐步组建。在 2018 年成立起重机械物联网事业分部和不停车检测系统物联网分部，调整干粉砂浆事业部为建机物联网事业分部，同时关注新的工业物联网事业部的后续发展和组建。

二、加快人才储备和培育体系建设

物联网发展战略必须尽快实施人才曲线。从业务端来看，一是引用现有的物联网子公司销售体系，根据各个物联网子公司的特点进行有效的物联网市场销售布局，如不停车检测系统、共享公磅和称重系统物联网、消防安全和起重机械物联网、干粉砂浆和建机物联网、港机物联网等不同物联网发展方向，由物联网子公司根据自身特点选择重点方向开拓。在业务方面，原则上如果当地子公司能够承接业务并且保持发展，则将营销渠道下沉到当地子公司；如果没法开拓，则考虑由当地办事处业务人员，会同工业物联网市场调查人员，一并做出调研判断后，考虑是否由事业部来担当。二是充分利用销售部的办事处多年来形成的销售人才梯队，发挥其熟悉当地市场的优势，对有能力的业务员赋予更多的工业物联网推广业务，或至少发挥其市场调查和联络的作用。三是组建新的工业物联网专业的销售部门，既发挥现有的产品销售体系的功用，又要发挥对市场的牵引作用，逐步健全产品体系和市场操作模式，同时培养出一支优秀的物联网销售团队。

从研发端上看，一是整合资源，发挥软件、数据分析、数据中心信息管理等共同资源人员的作用，为工业物联网事业部的软件开发、App 开发、通信接口协议、无线模组、大数据分析模块提供基础技术；二是整合平台，重点关注传感器供应链平台、工业设计平台、检测及中试平台、网络测试及安全平台、培训平台、投资平台等，为工业物联网发展提供基础元器件和各类资源所需的储备和利用平台；三是根据产业物联网的特点，招聘储备新的技术人才，如产业专用的设备应用软件接口、应用的软硬件结合、专用仪表开发、现场安全测试等方面的专业技术人才，在理顺产业物联网产品链的基础上，既可以储备，也可以从同行引进，或者内部转型，并根据工业装备物联网推广的需要，做出相应的调整部署。四是与大专院校、科研机构合作，包括服务外包、ODM（原始设计制造商）、战略合作、内部员工创客化等多渠道进行技术储备和研发人才管理体系创新。

### 三、加强工业物联网核心竞争力打造

柯力应该紧紧抓住当前物联网的发展趋势,利用一切有利条件,打造并强化自身的核心竞争力,为推进物联网战略赋能。具体表现为以下5个方面:

一是有效利用二十多年来建立的传统称重传感器和仪表已有的核心竞争力,包括销售渠道、供应链平台、智能化生产制造体系和批量化生产经验、广阔的生产场地等,为工业物联网传感器和仪表制造、产品的销售和管理体系服务。

二是有效利用这几年来在工业物联网领域中的探索经验和打下的基础,如工业物联网产业园区平台、多个入驻企业资源、多条平台公司产业链资源、明确的物联网发展战略等,加强市场洞察和IPO投资平台建设,一旦发现潜在或现有的市场容量,务必快速、持续、竭尽全力进行全面调研、跟踪、详尽论述和及时决策,做到调研一批、启动一批、发展一批,不断创建和成立工业物联网事业分部,最终形成合力、快速推进。

三是有效利用十多年传感器产业运营经验,打造传感器及工业控制仪表产品供应链平台,并为产业园区和柯力集团不同物联网产业发展服务,为大数据分析和物联网新产品开发中对不同物理量传感器的需求和设计服务。

四是有效利用近年来柯力已建成的大数据中心和正在组建的大数据公司,以及开始逐步进行的大数据分析经验,为产业物联网不同行业提供大数据平台搭建经验和建模依据。

五是有效利用多年来各类物联网开拓渠道,如物联网子公司全国各地渠道、各地办事处渠道、软件公司销售渠道、资本运营的传感器企业和设备商渠道、政府定向订单的客户渠道,以及具有地方产业经济特色尤其是宁波产业特色的如汽车零部件、注塑机、模具、物流装备、纺织机械等有行业集群

效应的渠道,以点带面,以解决方案带动业务拓展,以客户订单带动上下产业链企业,来突破工业物联网对智能制造的一道道门坎,并带来羊群效应。

推进工业物联网是柯力未来IPO和发展战略核心内容,面对错综复杂、千姿百态的工业物联网场景,我们务必不忘初心、不辱使命,紧紧跟上趋势,既要精干,集中资源、打造出几个行业垂直链工业物联网;又要深入,做透、做实,营造出几个工业物联网平台,持续而坚定地向着建立国内知名一流工业物联网兼备平台和产业生态式公司的目标迈进!

\* \* \*

# PART 5

## 共享未来
### 物联网园区建设新思路与发展策略

# 工业物联网产业园区发展现状综述

园区自 2017 年 7 月份投入运营,2018 年初已入驻企业 58 家,并按每月 4~5 家的速度在不断招商扩张,计划到 2018 年底将有 100 家企业入驻园区。包括园区一期、二期除四五个房间外均已结束招商,三期 1.9 万平方米将于 2018 年 5 月底全部装修完工,总计一、二、三期共 5.4 万平方米目前已有 75% 完成招商工作。同时柯力将压缩自己的办公场地,继续出让机加工厂区一二楼,办公楼一楼用于园区,不断提升招商品牌及知名度。2018 年 6 月中国工业设计院宁波分院将入驻园区,这将快速提升园区、江北乃至宁波的工业设计整体水准;此外,中泽机器人、格立特、众力创,格劳博、一非标自动化等公司及上海一个研究分院已入驻或即将入驻产业园三期,三期一楼已基本无剩余空间。目前三期尚余 7000~8000 平方米,加上一期、二期剩余的 1000 多平方米待招商。整个园区计划 2018 年内达到 100 家,年销售收入 5 亿元,利润超过 6000 万元,税收 1500 万,人数达到 600~700 人,加上柯力总部 600 人,届时人数达到 1200~1300 人。

为了进一步促进园区健康发展,2018 年的重点工作包括以下几个方面:

一是招商方面:宁波物联网公司在现有团队人员基础上 3 月底新增 2 名招商经理,4 月底新增 1 名服务专员,并考虑机场广告的投放。招商人员要全力以赴,同时鼓励园区企业以商引商,以人引人,以产业链延伸为主,鼓励引荐上下游企业等单位入驻园区。招商过程中要注意控制和杜绝虚拟招商，要保证研发投入，入驻企业的研发人数占比不少于 30%，研发 GDP 投入至少达到 10% 以上，每平方米税收达到 800 元以上；招商时要重点关注新产品研发、专利、人气，要求入驻企业每 25 平方米保证至少 1 人办公。柯力物联网大厦预计在 5~6 月份开工兴建，从细节处着手充分考虑，不影响现有产业园企业的正常办公。

二是在园区人才公寓的使用方面：现有人社局调配的 12 套人才公寓已用完，关于园区企业人才住宿的解决有三个途径，(1) 依托于工业区管委会的支持寻找新的人才公寓；(2) 拟对现有柯力宿舍进行翻新，兴建六层每层 60 人共计 360 人总面积为 12000 平方米的人才公寓，建成后的员工宿舍除满足柯力集团需求外全部提供给产业园区企业。(3) 目前我们正在附近寻找 160 亩左右 15 万平方米的空间作为工业物联网产业园四期，同时在新的土地上考虑人才公寓的建设。

三是在创新服务方面：柯力希望园区内各家企业都得到发展，希望园内各家企业能实现战略性的紧密合作共同打造园区产业链平台。目前柯力已通过园区企业解决了我们的仪表外壳、软件开发项目合作问题，我们要把不同类型的企业整合起来为工业物联网发展服务。园区企业可以重点关注 MES 生产制造执行系统，MES 是工业物联网落地的基础之一，我们引进的芯港公司主营 MES 开发。柯力投资 1 亿元兴建的检测中心已落成，2018 年 4 月份已为园区企业提供专业的检测服务。

同时我们又与树根互联投资共建浙江根云工业物联网平台，定位于扎根宁波立足浙江辐射华东的工业互联网平台服务中心；与中国信通院合作成立工业物联网创新中心；与浙大软件学院合作共建软件开发服务平台；与天津大学共建人工智能研发中心合作计划产业园注册；我们正与中科院信研院合作共建大数据公司，未来企业最核心的价值是数据，数据背后隐藏着逻辑关系，数据要养要积累，提炼出符合客户内心需求数据，反推产品、硬件和管理系统。

大数据牵一发而动全身，是一项集技术、集管理的企业整体系统问题，将由集团公司总裁亲自担任总经理，中科院信息所所长为首席技术总监、产业园区总经理为市场总监。员工由中科院信研院7~8人、上海积成3人和柯力博士后另配套市场部人员等共同整编组成15~20人团队，从称重能源家电起步，关注大数据顶层设计。在传感器供应链平台方面，柯力物联网公司自3月份起在微信群中发布我们的多种物联网传感器产品介绍供园区企业备选。园区企业关于智能制造无线模组采购可统一向柯力提出，由柯力整合各家所需统一与中移物联沟通采购，从而大幅降低无线模组的运营成本。在培训平台方面，柯力的物联网学院2018年拟开设50场左右的培训课，每次开课前提前三天在微信群公告；我们拟在4月份组织宁波工程学院产业班，鼓励园区企业参加共同提升。在软件平台方面，在实际产品研发过程中，入驻企业关于软件的需求，可以向柯力提出，通过园区入驻企业软件公司、第三方服务软件公司、柯力自己的软件部、大数据公司等途径予以解决。另外柯力与浙江大学软件学院建立研究生奖学金体系，并资助软件研究生完成学业和实习体系，开展项目的新订单链和课程设计，引导浙大软件学院学生在产业园区中创业，满足园区企业对软件的需求。

同时在产业园区运营过程中，要突出柯力的特色服务。在园区人才招聘引进方面，物联网公司向园区企业下发招聘表单，明确需要的人才职位任职要求及数量等，柯力人力部到各家企业去深入沟通交流协助企业共同解决人才招聘问题。在云工厂支持方面，柯力的机加工车间、仪表车间可为各家企业进行弹性体、PCB板的代工生产；柯力在安徽柯力有280亩地11万平方米的厂房及新建的4万平方米新厂房，除9万已使用外剩余2万平方米空间，可在各家企业产能往中部地区转移时优先提供；柯力的市场平台及销售服务：柯力在全国一二线城市均设有办事处，柯力可在全国范围内从销售到服务提供全方位的服务，比如柯力的大连锐马柯物联网公司、河南安斯耐柯公司已分别成为园区信之安公司在东北、郑州地区的总代理商。园区还将引入融资平台。

柯力现正考虑在湖南、湖北等地兴建宁波工业物联网华中分院，园区企业愿意建分公司的可一并考虑。园区展示厅改善重新装修工作将在3月完成，展示内容包括园区企业、产业及产业链、线上公共服务平台目前在建。另外，我们要做好行政、物流等最后一公里服务，会务、场地等服务。

当然对产业园区企业发展，我们要明确、坚定提出产业发展价值呈现的要求。园内各家企业首先要抓研发，研发是宁波工业物联网的特色和生命力；其次要抓数据，一是管理性数据，二是抓销售收入、产值、税收、人数、专利、投入等数据兑现；三是抓管理资源的数据分享。尤其是各大产业链、平台链、供应链、订单链、服务链并为价值链，要保持每周由服务专员走访园区企业，保持每月由园区总经理拜访园区企业老总，保持每三月企业老总座谈会，邀请市、区级领导参加，及时了解园区企业的真正内心需求，特别是补短板上，重点解决除了软件、检测、工业设计、大数据等平台需求，更关键上下搭建产业链需求，把园区发展、柯力发展、招商引资，公共服务资源聚焦于产业园区企业发展需求上，包括发展成长快企业所需要的物理空间和资金，发展瓶颈企业以补齐短板，发展迟滞的企业促进成长或者设立门槛逐步清退，真正让优秀的企业更优势，更多资源嫁接；让平庸企业退出，建设好园区物联网生态，共融共长，不断完善园区产业发展机制。

虽然工业物联网产业园区发展压力很大，但是我们有坚定的信念，顺应时代潮流、优化布局、产才联动、连接协同、创新驱动，为建设国内一流物联网产业园区而不懈努力奋斗！

\* \* \*

# 宁波工业物联网产业园区发展战略

2017年5月,宁波工业物联网产业特色园正式落户宁波市江北区,并确定柯力总部作为宁波工业物联网产业园区的启动园和核心园。

柯力作为园区建设的"先头兵",肩挑探路工业物联网的重任,正在全力以赴建设四个园中园——传感园、大数据园、软件园、应用园;已建成二馆二厅一区——体验馆、图书馆、咖啡厅、展示厅和论坛区;计划中的四大平台——云计算大数据平台、软件服务开发平台、物联网检测平台、物联网学院也渐成气候。目前,已有近三十家企业正式落户园区,在"严进宽出"的招商条件下,逐步凝聚物联网产业的财气、人气。

但这仅仅只是开始,虽然园区建设取得了一定成绩,前面还有很长的路要走。当前,我们亟需做好以下工作。

一、加强园区产业顶层设计

园区建设站在了第四次工业革命的"风口"上。这次工业革命以大数据化、智能化、强融合化、移动化、泛在化为基本特征,很有可能就在物联网的基础上引爆。目前,物联网已经成为我国新一代信息技术发展的重点方向。制造业是强国之本、产业之基,因此,我们可以预言,工业物联网必将成为物联网发展的重中之重。

物联网是智能制造最后的归宿,物联网产业顶层设计,具有以下六个方面的特征:

第一,产业链长,带面广,辐射力强,传统的行业界限将不复存在。

第二,虚拟和现实结合,软件与硬件结合,以大数据为核心的智能制造成为都市工业新特征。

第三,企业经营走向产业经营,产业经营走向平台经营,从单一产品走向系统集成,从单一数据走向大数据,企业生态圈中价值链、供应链、服务链、平台链、产业链五链紧紧相连、深度融合。

第四,商业模式培育时间长,因此企业对物联网产业发展要有长期投入准备,备足"粮弹",制订长远目标。

第五,物联网对企业团队综合能力提出了更高要求,因此企业要强化培育产业需求人才,包括软件及大数据人才、产业招商和资本运营人才等。

第六,政府管理经济模式发生变化,市场"无形的手"在工业物联网时代愈发呈现不确定性,而政府管理常滞后于市场反应,因此,以龙头企业打造产业园区的方向是正确的,政府"有形的手"在市场博弈中担任公平推进角色。

政府要在基础设施建设和法制管理中考虑产城融合、产才融合、产资融合、产产融合,向物联网、大数据、平台等领域倾斜引导,为产业发展提供强有力的政策资源。

二、加快产业组织和人才体系建设

园区建设要有强有力的组织保障体系,当前园区工作的重点是解决园区建设、招商、服务过程中的各项事务,讨论招商项目落地的各层次问题;组织外出参观学习成熟众创小镇,取长补短,融合发展;参加市政府各类招商活动及智慧城市展会,定期举办工业物联网高峰论坛。

在人才体系建设中,我们要抓紧做好以下几项工作:

第一,建立产业智库人才入甬的计划,完善产业合伙人城市管理治理体系,在产业链打造中补齐产业人才短板。

第二,整合各个众创空间和孵化器的物联网项目,以优享政策、良好产业链、优秀物联网平台引位人才、留住人才。

第三,建立校园合作机制,构建园区人才储备发展体系。例如,开展校企合作,建设高校产业实验班,传送基础人才;通过产学研融合,为物联网园区输出软件和大数据研发人才。

第四,建设物联网产业人才培养奖励创新体系。以人为本营造物联网文化,着眼于物联网发展相连融合的生态平台特征,塑造"包容、从容、创业、创新"的文化理念。

三、打造物联网平台

物联网平台包括云计算大数据平台、软件服务平台、检测平台、物联网学院平台。在平台打造中,以市场化运营主体为特征,用标本和数据讲话,关注上下游产业集合产生的溢出效应。重点在以下四个方面:

第一，从供需两端深入研究，关注企业转型中智能工厂改造的各类需求，打造有行业特征的云平台上下产业链。

第二，从供给侧要求平台公司有过硬的实力，能适应行业差异化定制需求，要有服务众包、云外包特色，要建立以用户为主角的交互生态，吸引用户主动参与产品设计、研发等核心环节。

第三，充分利用政府资源，例如承揽政府城乡物联网应用改造工程，联合政府鼓励中小企业技术改造，引导促进企业创新驱动。

第四，开创平台式公司盈利模式。通过挖掘平台数据上下游需求，获取产业链每个节点需求，创造盈利点。其盈利基于平台源于平台衍生，始于平台终于平台链，实现虚实结合、软硬结合，从而汇聚成系统化解决方案，逐步开创平台公司商业模式。

### 四、加大产业资源整合创新

物联网产业发展涉及各类要素，包括土地、厂房、人才等，如何整合创新、优化利用，使有限资源发挥无限价值，是园区建设的重点。在产业资源整合方面，我们要做好如下六个方面的工作：

第一，加快整理闲置厂房、土地、住宿资源，提高工业用地容积率，通过土地回购、回租和土地性质改变等各类政策为产业升级腾出空间。

第二，加大资源吸附力度，提高资源增量。例如：引进国家企业；鼓励大专院校、科研机构在园区建分中心；开展物联网论坛、项目、技术等多项合作等。

第三，建设国家级技术创新中心，吸引各类PE、VC共建物联网产业基金。

第四，打造物联网平台公司，争取早日推出几个物联网创新应用行业标杆和示范工程。

第五，建设以人为本的资源发展创新机制，建设创客空间、科普营地、行业联盟、商业模式落地创新发源策划地。

第六,结合"一带一路"及中西部大开发国家战略布局,建设国际"一带一路"工业物联网产业园区,合作建造中西部物联网产业园区,开拓物联网产业的发展空间。

物联网园区产业发展不仅是我们柯力人也是所有工业经济人所面临的一个新课题,机遇与挑战并存。我们必须登高望远,奋勇争先!既要有站在云端看清未来大趋势的眼光,把握好未来发展方向,又要有接地气的推进策略,使物联网真正融合于各传统产业和新兴产业中,变成促进经济增长的神器。我们深信,在这场物联网盛会中,我们一定能探索出经得起实践检验的商业模式,为社会、为时代呈现出一个个精彩的物联网发展故事和现实案例。

\* \* \*

# 工业物联网产业园区前期进展与近期规划

目前，柯力正在着力推进宁波市工业物联网特色产业园建设。宁波市工业物联网特色产业园由宁波柯力与宁波市江北区政府联合建设，位于宁波市江北投资创业园，首批规划占地面积5.8公顷，其中一期已建成并投入使用建筑面积2.5万平方米。二期已投入使用建筑面积1万平方米，计划在2018年中完成三期1.9万平方米建设，2019年底完成6万平方米宁波工业物联网大厦的建设。

柯力总部及"宁波工业物联网特色产业园"入口处

园区内建有工业物联网体验馆、展示厅、论坛区、路演中心和图书馆,包含有传感器园、物联网软件园、物联网应用园、物联网通讯园等四大园中园,每个园中园企业互为园中其他企业订单链、价值链、产业链三链中的一环。

园区将重点引进物联网产业研究机构;引进物联网产业共性技术及关键产品研发人才和项目,以及高新技术成果、专利技术持有人;引进物联网领域初创项目和企业,以及其他工业物联网企业和项目。计划通过三年努力,使园区成为"中国制造2025"宁波示范园区,并建设成为中国工业物联网创新中心和有影响力的工业物联网小镇。

园区以资源共享为纽带,重点引进和打造智能装备、智慧用电、智能医疗、智慧交通、多物理量传感器、起重机械、混凝土机械、数字工厂、港口计量、海洋智能装备等工业物联网垂直产业链。产业园已与上海港研共同成立宁波沃富港口集装箱计量公司,拟建成全国集装箱物联网计量体系;与天津大学人工智能中心成立海洋工程装备数字化制造、在线检测及物联网平台;与树根网络筹建浙江公司,建设全国领先的浙江根云工业物联网平台和宁波工业物联网应用示范集群、产业生态。

2018年产业园区公司已赢得湖南省二十多个县级市国道、省道不停车检测系统物联网项目近两亿元,已经实施了常德、益阳等多个地区13个国道线不停车检测物联网改造项目。而柯力自身已对全国1万多个企业称重计量实施物联网新装备及改造,形成故障分析、大数据计算价值推送、准确度研究、设备生命周期维护、共享设备、第三方检测等。

同时,在产业园区中形成以工业物联网检测、工业物联网软件开发服务、工业物联网大数据、工业物联网设计、物联网学院等平台产业链。

其中工业物联网检测平台已投资1.5亿元,已建设EMC、网络、无线、传感器、仪表、通信技术、软件检测等与工业物联网密切相连的31个重点实验室,计划两年内再投入1亿元,与中国计量科学院、中国测试技术研究院等国家检测机构共建宁波工业物联网检测分院,并对外开放形成第三方检测能力。

与中科院信息应用研究院、软通动力、上海积成能源等共建大数据创新中心,为入驻企业提供数据存储、服务器托管、新数据中心规划设计、运维及监控在内的覆盖全生命周期的数据中心服务体系。同时通过深入挖掘场景、数据产业化、人工智能算法,建设专业大数据构架和分析公司,作为园区及区域中小企业转型升级所需要的大数据云计算公共平台。目前数据中心支持200万台以上终端设备连接和服务。

工业物联网软件开发服务平台系与浙江大学软件学院等国内知名高校科研机构合作建设,通过"1+1"软件产业实验班进行软件人才培养、软件服务外包、软件检测、软件成果产业孵化、软件订单产业合作体等,解决入驻企业软件研发力量短缺的问题,同时满足对数字车间、ERP、智能装备软件等需求。

与武汉大学、上海交大、江北区政府、宁波工程学院共建宁波物联网学院,打造物联网培训、物联网智库建设、物联网产业政策研究和物联网发展论坛平台。

与中国工业设计研究院共建宁波现代制造科技研究院,建设工业设计和制造融合创新中心。与中国信息通信研究院共建宁波工业物联网创新中心,开展物联网发展顶层设计研究、推动前沿和关键技术研发和应用。

在建设上述平台的同时,建立物联网产业基金,作为物联网产业园产业配套资金,由柯力和市、区两级政府引导基金和行业其他企业投资,投资、孵化、培育园区内物联网企业。

产业园遵循产业集聚、共享经济的特征和规律,一是紧紧盯住产业链的上下游延伸,纵向做深物联网产业。根据不同产业链的特点,向上下游进行顺藤摸瓜式的延伸,进一步导入其产业链端的不同类型节点企业,逐步形成不同物联网应用的纵深产业链;二是建设平台式公司,横向搭建物联网产业发展高地。根据物联网产业链长、辐射面广、平台节点多的特征,为产业园区不断走向物联网纵深提供平台;三是抓好产业链与平台衔接点,确保一纵一横节点的牢固,并逐渐让已有节点发挥更好的作用,发挥入园企业和平台互动的示范作用,最终形成园区产业集聚的乘数效应;四是从面上到立体,构筑物联网产业的生态体系。在人才公寓、定制厂房、新经济政策、物联网城市客厅、产业基金、创新实验室等方面逐步推进建设。

宁波工业物联网产业园建设得到市、区两级政府的高度重视和支持。除市、区两级政府对推进"中国制造2025"的激励政策外,对入驻园区企业三年内所得税和增值税地方留成部分全额补助给企业,后三年不低于50%补助给企业。

园区运营平台宁波柯力物联网有限公司对入驻园区企业的房租提供不低于70%补助。并已组建团队对入园企业提供行政、人力等方面的全方位服务,对处于导入、初创、成长、成熟、衰退等不同时期的企业需求定制不同的服务订单,包括研发资源、各大平台共享、股权设计和治理结构规范、人力资源培训和培育、服务共享、供应链形成、政府资源协同利用等,满足入驻企业的服务需求,建立长期有效的孵化培育机制,让入驻企业顺利成长,为他们提供更广阔的发展空间。

目前园区已引进工业物联网企业40家,包括中科院宁波信研院等科研机构;华一数据、蓝光科技等国家"千人计划"人才领军的企业;信之安、西津弘和、思瑞德机电等工业物联网系统集成细分行业知名企业;上海不工软件、钧飞科技、诚玖信息等工业物联网软件研发企业;蒙维佐自动化和仟位科技等工业自动化控制领域知名企业;格劳博机器人、锦澄电子等智能传感设备制造商。这些入驻企业已展现良好的发展态势。现正在洽谈中的项目有30家,包括新加坡微电子所MEMS项目、西南交大光纤传感器等项目。

工业物联网不仅是"中国制造2025"在宁波战略落地重点打造的八大细分行业之一,更是宁波未来经济发展、尤其是工业经济成为全国先进制造基地和具有国际影响力制造创新中心的核心路径之一,在新技术、新平台、新业态、新模式促进产业智能化、智能产业化、跨界融合化、品牌高端化的过程中将发挥重大作用。

\* \* \*

# 工业物联网园区建设的战略意义

柯力物联网园区建设是在柯力物联网战略背景下,也是在"中国制造2025"宁波试点城市环境下,更是在2017年柯力IPO历史机遇中确定的战略发展方向。

2018年1月22日,陈科明博士在柯力物联网产业园区讲座

从单一元器件公司走向称重物联网,我们正在努力实践;而从称重物联网走向工业物联网,我们才刚刚起步。既然我们选择了IPO、选择了物联网、选择了成为"中国制造2025"工业物联网试点企业,我们想做得更好、发展更

快,同时也深知肩上的责任重大,不能辜负历史给予我们的机遇,不能辜负柯力在行业、在产业中应负的责任,我们必须不畏艰难、努力向前,坚定不移地推进物联网园区建设。

### 一、将物联网园区建设与柯力物联网战略相结合

制造体系从机械化的工业 1.0 版逐步过渡至电气化的 2.0、自动化的 3.0 版,最后走向智能化的 4.0 版,是必然的路径。

而物联网是工业 4.0 的加速器,是制造业迈向工业 4.0 的重要驱动力。柯力为了迎接工业 4.0 时代的到来,从 2014 年开始谋划物联网的产业布局,通过两年多时间,我们开发了 W1501、W1601 等物联网集成产品,组建了全国七个子公司和衡器物联网、工业物联网两大事业部,销售了 4000 多台称重产品,获得了 2000 多万的销售收入。

为了奠定推进物联网的雄厚基础,柯力公司新购 60 多亩土地,正在建造 4 万多平方米的检测及智能制造中心;投入 3 亿多元建设柯力一院五中心十平台和江北物联网研发园区。"一院"即物联网研究院,"五中心"即检测、服务、智能制造、培训、数据五大中心,"十平台"即内部员工创业、人力、行政、供应链、财务辅助、物流、市场、设备、机械加工、信息化十大平台。

计划至 2018 年,销售 8 万套物联网称重产品,实现 4 亿元销售收入,争取 1 亿元利税,为柯力全面迈向国际一流物联网公司的愿景迈出坚实的一大步。

### 二、将物联网园区的建设与柯力 IPO 战略相结合

IPO 要求柯力在一个公开透明的平台上利用公共资源。我们怎样保证在 IPO 下稳步增长?品牌、人才、技术等资源固然可为公司发展提供动力和源泉,但是,如果仅仅从称重传感器和仪表等元器件经营的角度看,显然无

法充分满足增长的要求。称重物联网打开了一扇窗,使公司有了更宽广的产品线、更深的垂直产业链整合和更庞大的数据平台,同时也开启了制造业走向服务业、元器件生产商走向系统集成商、产业链一环走向产业链中心的新的战略。

在柯力 IPO 进程中,称重物联网是公司最重要的募投项目,其募集资金一半以上用于物联网一院五中心十大平台建设,需面向员工说明物联网战略是 IPO 的最核心组成部分,面向公众表明物联网战略是柯力上市的核心内容。我们属于工业物联网板块,是"中国制造 2025"的组成部分,我们募集资金是为了更快促进中国称重产业走向工业 4.0。IPO 既是柯力自身发展的需求,更是中国称重工业走向智能制造的必由之路,是为了国家民族产业走向更快更强,是为了在新的历史机遇中实现弯道超车、从而在世界称重产业中占有重要一席。

借助 IPO 的东风,柯力将与国际市场的合作伙伴一起,在该国家或地区内进行称重物联网推广或改造,巩固柯力在传统元器件销售中的市场地位,并与合作伙伴建立更深入、更长远的合作关系,从原来单纯的贸易关系走向战略合作关系,并朝着跨国公司的战略方向前进。

当然,从 IPO 角度来看,称重领域仅仅是柯力近几年物联网起步阶段的投入方向,从更长远的发展方向看,称重物联网将会使柯力遇到发展的"天花板"。而柯力追求突破的方式是,借助近几年打造的物联网大数据平台和逐步起量的战略合作平台,以及逐步成熟的商业模式、逐步成长的物联网团队,向不同物理量传感器领域和基于传感器与物联网相结合的应用市场发展。在新的市场中,利用 IPO 的平台赋予的新能量,不断迈向新的工业物联网领域,并且有效整合渠道资源和充分采取资本手段,在关键核心人才和文化融合前提下,逐渐使柯力走向成为国际一流的物联网公司。

### 三、将物联网园区与中国制造宁波试点经济战略相结合

宁波工业物联网三年行动计划告诉我们：做大做强智能传感器件及仪器仪表产业；培育物联网专业芯片及通信产品制造产业；大力发展工业物联网应用软件和系统集成服务产业；积极培养基于工业物联网制造业新生态；在智能制造、石化行业、智慧健康产业、智能交通、能源及环境监测、智慧社区等典型应用示范不断推广；建立引导基金，完善产业组织和产业集聚，引进培养人才队伍，提高工业物联网市场情况分析和服务管理的水平，搭建基本物联网应用众包设计和众创空间，发展网络化协同制造新模式；鼓励物联网企业布局，细分物联网信息服务平台，建设重点制造业领域的工业数据大平台；推进大数据技术在产品创新、产品故障诊断与预测、工业生产线物联网分析、工业供应链优化和精准营销等领域的应用；引导企业发展基于物联网技术的产品全生命周期管理；鼓励物联网实业从提供装备到承接项目、实施工程、设备维保和终身服务型制造新生态发展。

柯力物联网与宁波市物联网三年行动计划不谋而合，这些行动计划与柯力物联网战略，尤其是物联网研发园区建设是相对应、相辅相成的。柯力物联网研发园区建设与政府合作内容包括：

一是在项目、技术、人才来源上，除了企业内部员工创客化、行业推荐外，需要在招商引资平台上，利用政府资源，对信息进行筛选和洽谈，并把柯力物联网园作为宁波工业物联网产业集聚的核心建设内容和一张靓丽的名片，使之对项目、技术、人才产生强大的吸附力。

二是加快促进市级物联网支持平台。包括市人才办在人才引进政策上向物联网人才倾斜，尤其是软件人才的引进，推出个人所得税返还政策；市科技局加大对物联网科技创新和技术中心的奖励力度，支持企业与中科院、信研院、浙大、上海交大等大专院校科研机构合作；市质监局关于第三方检

测和计量第三方服务权利开放和资源共享，对国家省级实验室创建激励政策；财政税务部门对于物联网服务行业的支持，例如能否对物联网服务收入增值税退税或者税收奖励返还政策；市金融办对产业基金的支持；市教育局对物联网学院与宁波大专院校合作推广，并对"创二代"及成长中的物联网企业高层进行培训。

三是建设物联网产业软件信息园区，作为物联网园区的一个核心组成部分，通过筑巢引凤，开展服务外包和软件人才集聚，建立对所有工业企业开放的云计算和大数据平台，为中小型企业推进物联网发展提供助力并承担相应风险。

四是建设物联网产业基金，推动骨干企业，其他投资企业和政府引导基金联合建设物联网产业基金。有效评估判断项目综合情况，作为GP（普通合伙人）或LP（有限合伙人）身份引导产业发展。对园区中企业，成熟一个投入一个，并以此为纽带，把一院五中心十平台作为资源对园区企业开放，解决后续园区企业初创成长等不同阶段所需的各类资源，并依据物联网园区已有企业总结的经验，为后来的企业提供经验和参考案例。

五是提供园区建设政策，包括人才引进住房与个税补贴政策、数据开放平台和第三方检测平台的资助、产业基金中政府基金补充或引导、物联网学院建设前期投入、园区企业房租补贴和众创空间的税收优惠、配套的生活设施和产业链园中园如软件信息园建设等。

### 四、将物联网园区与客观经济规律相结合

客观经济规律告诉我们，企业核心竞争力有三大来源：一是劳动生产率提升，导致单位产成品成本下降；二是通过产品科技创新，带来毛利率的提升；三是新型商业模式尤其是系统集成服务业，带来毛利率的提升。

柯力物联网园区建设在具体建设过程中，一定要按规律办事，原因如下：

一是遵循规律的客观性，循序渐进，而非跳跃式的拔苗助长。先从设备标配和改造入手，再考虑推广无人值守与信息化服务，而后是收取服务年费和提供第三方检测，最后成为终端客户的战略合作制造服务商。

对园区合作来说，针对引资导入期、创业初期、成长期、成熟期等不同发展时期，提供不同的支持、采取不同的合作方法。在导入期中，更多关注房租费用、资金注入、市场开拓等；在创业初期，更多关注后续服务、人才引进、研发协同等；在成长期中，更多关注发展困扰排除、股权激励、市场渠道共享；在成熟期，更多关注后续发展、产品多元化、管理规范化等。

二是遵循规律的必然性。从事任何经济活动，必须为客户带来价值，不能为客户带来价值的企业就失去了存在的价值。我们必须看轻眼前利益，放眼长远，深入挖掘客户需求，开发适应需求的产品，并以准确的数据为客户避免利益伤害，以实时监管保证客户利益，以周到服务感染客户的内心。为客户实现真正增值，才能使物联网充满生命力。

对园区企业而言，众多平台资源共享和政府支持奖励政策覆盖，产业链订单和物联网大数据分享，产业基金和合伙人制，是走在一起共创园区的价值所在。

三是遵循规律的因果性。凡事有因必有果，欲得其果，先种其因。物联网以人为核心，我们能够感知人、理解人并服务人、满足人，才能赢得人心。从市场角度看，符合客户的内心需求；从合作角度看，符合双方的利益共享；从发展角度看，符合人的成长需求；从产品角度看，符合人性的便利原则。能够站在各种不同对象的角度，设身处地考虑并满足对方的核心诉求，才能将各方面的合作伙伴聚集在一起，共同完成远大愿景。

四是遵循物联网本身的特性。加强市场竞争意识，先"画地为牢"占有市场，逐步调整产品和服务质量，逐步提升大数据分析，逐步引入传感层、网络层、应用层三大层面的不同企业。根据战略方向和技术创新变化，先抓紧培育质优企业,运用 IPO 平台;对技术领先企业,辅之以市场、管理;对项目优秀企业,助之以渠道、服务创新;对人才突出企业,导之以机制、平台,同时随时关注园区企业需求变化,通过沟通、座谈,进行案例分析和市场信息分享,做好资源协同,慢慢地把园区企业融合发展起来。

  物联网园区建设对柯力各项能力提出了极大挑战,面临艰巨任务,我们应脚踏实地,抓住机遇,以大无畏的气概迎难而上,用务实精神和智慧力量去解决每一个问题。我们坚信,每一分努力都有回报,只要我们持之以恒地努力,定会有累累硕果和远大发展。

＊ ＊ ＊

# 打造共享生态圈:时代的使命与我们的任务

从传感器制造企业进化到物联网企业,从称重物联网进化到行业物联网再进化到工业物联网,是柯力预定的战略路线。积极参与宁波工业物联网产业园区建设,既是柯力从企业经营走向产业经营、从单一行业企业走向公众企业的必然选择,也是柯力发展的历史使命与责任,是柯力挑战自我、不断拼搏向上精神的体现。

工业物联网产业园区作为产业发展的前沿阵地,承担着推动我市从传统制造向智能制造、服务型制造转型的光荣任务。为了圆满完成这一光荣

武汉大学柯力物联网产业研究中心成立合影

任务,在工业物联网产业园区建设中,我们必须考虑以下建设思路:

## 一、将园区建设成为"中国制造 2025"宁波示范园区

园区建设的未来发展方向为工业物联网小镇,起点要高、定位要远、落脚要实、基础要厚,要建成工业物联网传感层、网络层、应用层三大层面。对入园企业的引进,必然围绕工业物联网这条主线来选择。

目前,以柯力为主体的核心园区已先行启动,建有传感器园、物联网软件园、物联网应用园、物联网通讯园等四大园中园。产业集聚效应是园区设计的重点:每个园中园企业互为其他企业订单链、价值链、产业链三链中的一链。园区为每个园中园企业提供了根植土壤和宽阔的发展空间,企业之间根与根相连、枝与枝交叉,彼此相依,聚合成林,同焕勃勃生机。

在园区内,还配套建有工业物联网体验馆、展示厅、咖啡厅、论坛馆等两馆两厅,营造工业物联网创业创新氛围和产业聚集环境。

我们打造产业园区和推进物联网战略,不仅仅是为本企业未来的发展服务,也不仅仅是为行业发展服务,还有着一个更高远的愿景——做工业物联网的先行者、开拓者,在挺进"中国制造 2025"的征途中,为宁波制造企业闯出一条通道来!

## 二、将园区建设成为宁波工业物联网发展的重大平台

在工业物联网产业园区内,首先要建成工业物联网大数据平台,通过引进专业大数据公司、芯片制造服务商和通信技术公司、软件开发公司,共同组建大数据平台式公司或者大数据服务联盟。

柯力如何依托园区推进物联网战略?我们将立足园区品牌平台,主动赢得各行业的大数据研发服务订单,主动承揽政府大数据建设业务,同时作为大数据云计算公共平台,为宁波乃至浙江中小企业在"中国制造 2025"浪潮

下转型升级提供有力支撑。

为了实现上述目标,我们要努力建好四个平台:

第一,建好称重物联网大数据平台,使柯力数据中心在冗余备份、防火墙、均衡器等方面示范引领,抓住大数据发展研发和需求两大主线并拧成一条绳,既服务引导整个称重行业又牵引其他行业工业物联网,让柯力数据中心转变为一个公共独立的第三方工业物联网数据平台。

第二,建好工业物联网软件服务平台。工业4.0时代的智能制造,既要求企业对生产车间进行数字化改造升级,又要求对外输出智能设备,在纷繁复杂的工业应用现场环境中,不同企业对工业装备物联网智能改造有着多样化软件需要。我们的园区建设要着眼于企业的需求,亮出工业物联网美丽的软件名片,为各行各业提供软件应用和快速迭代开发服务,并争取成为政府、企业软件服务外包优秀供应商。

第三,建好工业物联网检测平台。我们将与中国计量科学院、中国测试技术研究院等国字头检测机构共建宁波工业物联网检测分院,同时争取成为省市质检院或计检院宁波工业物联网检测分院,重点建设EMC、网络、无线、传感器、仪表、通信技术、软件等工业物联网实验室,形成对外开放的第三方检测能力。我们的远景目标是:通过对产业园区企业提供优惠检测服务和向园区外企业提供市场化检测服务,打造响亮的工业物联网检测平台品牌。

第四,建好工业物联网学院。初期打造一个有名师名家讲课的工业物联网培训平台,以后逐步打造宁波工业物联网发展论坛高地,远景目标是:使工业物联网学院成为一个知行合一、先知先行的工业物联网发展实验区和理念布道区。

## 三、将园区建设成为宁波工业物联网产业链生态圈

在园区建设中,我们将遵循生态圈共生共荣理念,并使之成为园区企业的

共识。这个生态圈的特点是，IT、CT、DT、OT融绘贯通、高效联动，并产生价值溢出与倍增效应。这也正是当今企业走向"中国制造2025"的未来转型方向。

为了打造工业物联网产业链生态圈，我们还要做好以下几方面的工作：

第一，在人才引进方面，提供包括住房、子女入学、个税、创业启动资金等优惠政策，倡导"同一个园区，同一个梦想"的共同发展理念。

第二，订单链共享，并导入产业链邻居配送体系。除短期利益吸引入驻企业外，还要让入驻企业看到园区正在向工业物联网小镇方向迈进，让他们看好未来前景，因此乐意在此长足发展。

第三，对入驻企业提供一站式服务；同时，对处于导入、初创、成长、成熟、衰退等不同时期的企业，定制不同服务。

第四，建立园区工业物联网孵化器和众创工场，提倡园区企业创客化。园区将设立工业物联网产品创新、商业模式创新、服务创新、平台创新等四大创新奖项，每年进行评选，让园区成为年轻工业物联网人创业创新的乐园。

第五，建立工业物联网基金，对初创企业或新引入企业提供创业基金支持。雪中送炭的同时，在股权设计上，也要尽量向初创企业和新企业倾斜，并尊重企业领导人的意愿，使产业投资真正对园区企业发展产生推助作用，从投资顶层打造共建共发展的生态圈。

宁波工业物联网产业园区建设是一项艰巨又重大的工程，面对挑战和困难，我们必须站在抢占工业4.0制高点、为"中国制造2025"开路的高度，义不容辞，迎难而上！在遵循客观经济规律和产业发展规律前提下，用我们的努力和智慧，形成工业物联网共识，充分利用各类资源和平台，不断实现宁波工业物联网产业园区前行的美丽蓝图！

\* \* \*

# 产业园区建设的四个发力方向

柯力从传统制造业逐步走向称重物联网产业,同时又从称重物联网产业走向物联网产业园区,这是两条既相互交织又双向疾跑、充满挑战和艰难的道路。我们说物联网产业预示着未来希望,这不是因为看见而相信,而是因为相信才看见。但未来需要设计与力耕,我们必须全力以赴奔跑于物联网产业的发展大道上,才能拥抱希望。

对于物联网产业园的建设,我们将在以下四个方向持续发力:

一、紧紧盯住产业链的上下游延伸,纵向做深物联网产业

第一,通过内部"创客化",实行供应商和客户资源分立,在产业园区建立从母公司剥离的新型公司。

第二,打破现有产业链局限,向产业链上下游拓展延伸。其切入点既可以是现有产业向新领域延伸,又可以是引入不同产业链企业入园,并进一步导入其产业链端不同类型的节点企业,逐步形成不同物联网应用纵深产业链。

第三,根据物联网产业的现场服务特征,向全球招商引资;把集团公司具有工业物联网性质的华东或浙江或宁波分部建在园内;把市区两级内部

创客化、内生增长需求、新业态细分设立的子公司建在园内;在省内或大市范围内,凭借产业汇聚、增值服务、机会成本降低等多方面的吸引条件,吸引园外企业搬至园内来,从而逐步形成物联网丛林。

第四,有效利用各类政府信息资源对外招商,与科研机构合资或合作建立工业物联网研究机构,引进大专院校师生创客公司,将各级政府和企业包括柯力自身需求转化为能够落地的物联网项目订单,从而把各类资源转化为园区企业化运营。

二、通过建设平台式公司,横向搭建物联网产业发展高地

第一,根据物联网产业链长、辐射面广、平台节点多的特征,结合"智慧宁波"和江北建设思路,与知名企业联手成立大数据云计算公司,为产业园区不断走向物联网纵深提供大数据平台。

第二,导入第三方服务平台。除柯力自身为产业园招商服务、投资平台式公司、建设物联网学院提供培训外,还引进软件服务外包企业,引进第三方财务、注册、申报等服务企业,引进超市、餐饮等第三产业公司,为园区企业提供良好的生态创业服务环境。

第三,不断引入央企和省市级大企业进驻产业园区。结合省市工业企业转型需求,逐步建设如"中国工业设计院""中国工业物联网创新中心"等大平台。通过大平台承接市级以上产业课题,发挥孵化器作用,二次引入初创企业和相关链企业,逐步形成以大平台为主干的物联网"树林群"。

第四,创新产业所需各类资源平台,引入传感器产业所需芯片供给、电缆供给等供应链平台。引入云供给、传感器供给、仪表供给、无线发射模组供给等应用层平台,为产业园区企业量身打造相对应供给平台,真正为园区企业解决各类需求。

三、抓好产业链与平台衔接点，确保一纵一横节点稳固

园内各企业释放的需求，以及在产品、技术、管理上暴露的短板，都应该在园区现有各类平台上一一对接，使园区形成一个自循环产业生态系统。若园区资源无法满足，则导入园外资源，全力以赴为园区企业服务，并竭力将园外资源转化为园内资源。

对园区企业性价比无法满足的各类节点，则再逐步引入竞争性、储备性平台，通过优胜劣汰，最终形成产业链自身所需良好的节点，并逐渐让已有节点发挥更好的作用，逐步体现产业集聚价值。同时"以商引商"，让广泛的园区企业和平台人脉关系发挥作用，最终形成园区产业集聚乘数效应。

四、从平面到立体构筑物联网产业生态体系

第一，要素供给跟上，提供生产性定制车间需求和满足云工厂产能释放。柯力自身机械加工车间和仪表 PCB 高速贴片车间将面向园区企业开放；大数据、软件服务、物联网检测等各平台也实行园区企业共享。

第二，创业环境改善。包括提供创客化政策和股权激励政策；提供人才面试补贴、房租补贴及人才公寓；建设配套学校和医院，打造产业园区客厅，等等。

第三，探索新业态新模式下物联网企业需求，并升级服务能力，全方位满足企业需求。例如：资金层面，提供路演和股权交易平台，提供产业基金支持，给予新模式企业自媒体品牌推广各类费用补贴；政府资源层面，在公平公正的前提下，提供政府项目招投标信息支持；创新激励层面，把中小企业奖励转化为新技术新模式企业创新券购买，为产业园区争取政府政策扶持，等等。

第四，将柯力发展战略与产业园区生态系统建设结合，员工创客化与称

重物联网发展结合，投资平台式公司与产业发展相结合，开辟共享的物联网生产要素。我们的近期计划是建设柯力数字化样板车间和20层柯力物联网大厦；而远期规划是为产业园区企业提供融订单链、平台链、产业链、供应链、服务链为一体的全生态系统，打造150~200家产业聚集的新兴物联网产业社区，向工业物联网小镇方向迈进。

　　罗马不是一天建成的，但是，条条道路通罗马。在前进路上，我们必须脚踏实地，建设好传感器产业，建设好称重物联网大厦，走好眼前每一步；同时也要仰望星空，建设好我们的产业生态系统。我们坚信，在物联网产业园的发展道路上，只要我们保持充分的耐力与定力，运用我们的勤劳与智慧，一步一步向着物联网战略方向和产业社区这一目标坚定迈进，我们必将走出属于自己的新天地！

* * *

# 优化园区生态,释放平台潜力

宁波工业物联网产业园区建设,目前正在编织"多纵多横"园区网,"多纵"包含医疗、注塑机、海工、物流、港机、起重机械、建筑机械、环保设备等重点产业,"多横"即平台链企业。"多纵多横"构成一个交叉发展的新生态。其中的平台链建设显得至关重要,直接关系到物联网产业园区后续成长的生命力。全力以赴引进平台式公司是当前新经济、新模式、新业态、新技术的内核,也是超越实体经济发展、融合物联网经济的新引擎。

经济学家杰里米·里夫金(Jeremy·Rifkin)巧妙总结这种进步说:"现有110亿个传感器将设备连接到物联网,到2020年将有100兆个传感器持续向交通能源、物流等物联网发送数据,并使用数据和分析开发算法,以大幅度提升效率和降低成本,配送物理商品边际成本直至接近零水平,就像我们现在处理信息商品一样。因此,虽然我们不能看到大多数物理商品定价趋向零,但是我们可以想象平台链模式变革的潜力。"

那么,我们怎样借助物联网,释放平台链模式变革的潜力呢?

一、在园区建设工业设计平台

中国工业设计院宁波分院落户园区,以工业设计与制造业融合、工业设计大数据应用挖掘和国内外发达技术团队落地为方向,打造集"研发+服务+孵化"为一体的工业设计公共服务平台,推进创新要素渗透,形成有持久创新动力的工业设计生态圈。其具体措施包括:

一是对宁波优势产业如家用电器、汽车零部件、仪器仪表等行业进行工业设计产品协同创新,健全工业数据应用技术、关键技术、基础技术研发,并朝着建设相关行业数据标准体系的方向努力。

二是面向企业产品设计要求,为园区及省内企业、政府、机构提供多层次项目管理等运营服务,定期策划和组织以工业设计创新、工业大数据应用创新为主题的专家高峰论坛。

三是在宁波组织围绕工业设计大数据应用和工业设计创新的比赛,引导适合宁波产业发展的创新项目与先进技术项目团队落地,并开展项目孵化,最终目标是要打造一个为园区企业启动服务并面向园区外的宁波企业、提供工业设计服务的园中园。

四是引进聚集高层次人才及团队,承接市级以上产业调研课题,开启多项专利申请,推进企业设计咨询和技术转让服务,实现整体平台经营三年内收入五千万以上,同时打造一个承担工业设计创新任务的发展平台。

二、建设物联网创新平台

物联网存在的最大意义就在于创新。有一种说法,中国已进入一个"平凡创新时代"。透过物联网,创新无处不在,每一个精英人士或普通人都可以创新,每一个人都可以分享物联网时代的新机会。而我们建设物联网创新平台,其目的就是为了创造条件,引导和发掘所有物联网人的创新潜能,以促进物联网事业的蓬勃发展。目前我们要抓紧时间做好以下几项工作:

一是对接宁波市"中国制造2025"试点主要城市建设,聚焦工业物联网技术与应用领域,制订发展战略和实施方案,做好后续的产业布局空间和各类要素规划，做好人才公寓和物联网城市客厅建设，做好生产、生活、生态"三生"的整体环境设计。

二是培育各类平台，包括工业智能化装备测试平台，通过引入机器人、智能检测系统等高新技术工具，检测装备应用的可靠性、安全性和标准合格性；包括网络测试平台，针对设备兼容、通信、协议集成互通、单元语义聚成开展综合实验，针对物联网解决方案中的功能安全、设备安全、网络安全、数据安全开展漏洞扫描、攻防演讲、安全预警等测试；也包括物联网供需对接平台、传感器供给链、大数据服务、物联网需求形成应用案例，并加之复制推广；还包括物联网应用展示中心和人才交流服务等。

三是推动前沿性和共性关键技术研发，实现产业成果转化，突破物联网关键技术屏障和供给瓶颈，带动产业升级。

四是促进国内外交流合作与资源引进，培育智能经济人才队伍，建设人才引进、培养、培训、交流、服务体系，为产业园区乃至宁波工业物联网发展提供多层次创新人才。

### 三、引入树根网络平台化物联网企业

树根互联技术有限公司是国内领先工业互联网高科技公司，是由三一集团提供孵化、工信部等部门高度认可的三大工业互联网平台企业之一，打造了自主知识产权为"根云"的工业互联网平台，在互联机械、特种车辆、农用机械、数控机床、光伏发电机等近30多个工业细分行业中连接近30万台高价位设备。树根公司在物联网产业园区建立浙江公司，为工业企业提供智能研发、制造、产品、服务、金融等云平台服务，为政府部门提供行业数据监测，为企业运营监测提供工业大数据服务，会同柯力一起整合若干个细分行业工业互联网应用云平台，逐步开启装备智能化升级、产品全生命周期、工业大数据分析、全球远程维护等试点项目，逐步打造工业互联网应用和示

范集群,打造出工业互联网平台在研发辅助、市场调研、远程运营维护、智能制造、模式创新等方面的应用场景和案例,逐步形成产业园区垂直产业链发展展示窗口和品牌效应。同时根据国际经验,工业互联网平台企业投资推动效应为 1:15 左右,宁波树根的落户将推动传感器、仪表、通信和网络服务,以及精密制造等高端产业和大数据、工业电商等生产型服务业的聚集发展。

四、建立物联网检测平台

按照公司发展战略和产业园区平台链建设方向,柯力将在 2018 年 3 月底完成 30 多个实验室的新建、搬迁、扩建,包括力值标准实验室中 100 kg、600 kg、1 t、5 t、10 t、50 t 净重测力实验室和 500 t、2000 t 对比力机实验室;包括辐射抗干扰 GSM 等,构建率建设电波暗室实验室;包括金相分析、化学成分分析等材料实验室;包括应变应力分析,振动、疲劳、包装跌落等性能实验室;还包括需求雷击防浪涌静电放电、脉冲群发生器、交直流电压同波跌落、工频磁场、射频传导抗干扰度 EMC 测试实验室;也包括涉及物联网多个扫频仪、示波器实验室和热成像仪、安规和计量实验室、谐波和闪烁测试系统、

检测中心

各类温度测试实验室,等等。

在硬件建设的同时,公司还加快软件信息管理平台和软件检测平台,根据产业园区企业的需求,适当增加新的行业重点垂直链上检测装备实验室和协同引入检测类产业园区的服务性企业。依据公司2018年规划,将申请通过CNAS国际实验室认证和CMA中国计量认证,积极会同国家、省、市有关计量院共建宁波工业物联网检测分院和分中心,积极会同第三方检测机构、检测公司共建面向宁波工业物联网企业开放的服务性检测平台式公司。

五、建设物联网软件和大数据平台

柯力与浙江大学软件学院建立研究生奖学金体系,资助软件研究生完成学业和实习;开展项目的新订单链和课程设计,引导浙大软件学院学生在产业园区中创业;建立产业园区企业软件需求与浙大软件创客化公司项目对接,使入园物联网企业得到方便及时的软件服务。

同时,柯力与中科院信息部、软通、积成等公司共同组建面向中小企业和初创物联网企业的工业物联网公共服务平台。重点协同数字化车间、智

2017年4月宁波柯力携手浙江大学软件学院,共建"宁波工业物联网软件园"

能工厂软件企业对不同企业的设备进行CPS（信息物理系统）的研究，改造成物联网化智能装备，将接口融合于数字化车间建设，集中建设按行业特征的物联网装备的研发、平台接入、平台服务。

运用合资公司新成立大数据云计算公司，开展大数据分析、算法提炼和价值链创新，重点抓好物联网关键技术研发、行业应用案例、大数据人才培养，建设产业园区乃至宁波市中小企业物联网数据库。

进一步完善称重物联网、家电物联网、能源微网现有物联网体系，启动注塑机、海工、汽车零部件、政府公共事业云计算等创业大数据分析，一手抓市场需求与技术衔接，另一手抓大数据收集、分析、算法、提炼，逐渐形成大数据应用平台。

### 六、建设物联网培训平台

物联网是新生事物，公众的认知度较低，相关的理论、知识、技术以及专业人才都比较缺乏。柯力建设物联网培训平台，开始多层次、多形式的研讨与培训活动，不仅是为柯力自身，也是为整个物联网事业积累理论基础、知识技术基础和人才基础。

一是由柯力发起，举办专业的行业物联网论坛，邀请行业协会、标委会、企业单位、监管部门等一起参与讨论，共同促进行业物联网发展。同时，柯力与中国计量院、中测院、中国衡器协会等组织每年度固定的培训专题会议。

二是为园区企业服务，开展园区企业专题的需求调查，既要满足园区企业的客户和供应链专题培训，也要满足园区企业所在行业上下产业链的物联网研讨活动。

三是对接省、市、区三级政府培训，尤其是为市、区经信系统和科技系统，举办针对中小企业转型升级、创二代富二代培训、工业经济管理干部等多个培训。协同宁波智博会和中东欧一带一路博览会开展专题研讨会;协同宁波市物联网应用技术协会和其他省市物联网协会在宁波举办物联网研讨会;协同科协、教育系统创建中小学生工业科普和大中学生实习教育基地;协同工信部、科技部等部委和中国工业设计院、中国信息通讯研究院、中国科学院微电子所等,在产业园区举办"中国制造2025"专题培训和研讨会。

四是联合宁波工程学院举办大专学生物联网设计和专业比赛,联合武汉大学举办国家级工业物联网理论研讨会;联合市政府争取将中国工业物联网论坛分会场设在产业园区,积极将物联网学院培训平台与产业园区的招商、服务、发展相结合,发挥培训学习平台潜在的价值,共同促进产业园区良性发展。

平台建设是为了满足产业园区企业的服务需求,也是平台企业本身发展的需要,两者是相辅相成的,关键是找准需求与供给的价值节点,进行有效融合。对此,我们要不断打造信息沟通、共享协同平台,创建满足供需双方的平台价值链,从传统企业的零和博弈走向价值链重塑、生态圈扩大、市场需求重新激发,通过跨界融合、服务创新,创建新的伟大的平台时代。

\* \* \*

# 针对工业物联网产业支持政策提出的建议

宁波工业物联网产业园借助"中国制造 2025"宁波试点的东风，当年筹划、当年签约、当年加入、当年见成效，现已入驻 40 多家企业，总注册资金近 3 亿元，办公面积 1.2 万平方米。同时打造医疗机械、注塑机、电力、物流、港机、汽车零部件、环保机械、机床、智能车间等十多条重点产业链，以及中国工业设计院宁波工业设计创新中心、中国信息通讯院、宁波工业物联网实验和产业基地、树根网络浙江云平台、工业物联网检测实验中心、软件开发与检测平台、物联网学院、宁波工业物联网大数据中心等十多条平台链，围绕物联网发展编织新的产业生态网。

预计至 2018 年底，在原来一、二期完成 1.6 万平方米招商任务的前提下，新增加 1.7 万平方米三期办公面积，并计划于当年完成 50 多家企业再入驻，形成销售收入超 5 亿元、利税近亿元的新兴工业物联网产业集聚区。

在此基础上，将开工建设 5 万平方米宁波工业物联网大厦，于 2020 年建成后，可提供 4 万平方米物联网众创空间，再引入上百家工业物联网企业，争取形成共 200 多家物联网企业，年销售额争取达到 50 亿元，年利税 5 亿元以上，具有牵引产业转型、汇聚产业平台、领导中国细分行业工业物联网多家龙头企业的新经济产业生态园区。

产业园区目前的工作重点逐步从招商为主转入到汇聚人气、提升质量，尤其是提升研发投入、专利数量、研发人才比重、每平方米的税收产出。在2018年，我们一方面引入优质的企业入园，对已入园企业中的传感器供应链、大数据分析及数字化车间软件、智能装备、商业模式创新性应用四大类公司，作为优质企业优先扶持；另一方面也要清理个别质量不高的企业出局，以腾出宝贵的空间，为下一步招商服务，从而逐步形成有质量、有支撑的能够扎根产业园区大地、深耕产业土壤的有效的产业集聚。要严厉杜绝低产出、松合作、空人气的企业入驻产业园，要尽快建成国内一流的、真正具备产业集群效应、引领新经济发展的真正工业物联网社区。

工业物联网产业园区的建设，离不开政府积极的政策支持。我们要继续按照市委市政府关于创建"中国制造2025"国家级示范区的实施方案和江北区委区政府关于打造"一网一膜"双产业基地的战略思路，全力以赴、坚持不懈地推进工业物联网产业园区的深入发展。我们总结了前一阶段园区建设的经验，对政府政策的完善给出以下建议：

物联网产业园第一期政企座谈会

一、加快顶层设计，确定产业园区战略方向

要按照《工业和信息化部关于印发大数据产业发展规划（2016—2020年的通知）》《国务院关于深化"互联网+先进制造业"发展工业互联网的指导意见》《宁波市制造强市建设"十三五"总体规划》，在工业物联网产业园区后续发展所涉及的关键技术突破及产业化转移、软硬件基础设施、先导应用工程、平台建设、人才培育与产学园协同、产业链完善及培育等思路上，做出明确的顶层设计及工业物联网未来3~5年发展纲要。从产业角度看，在智能工厂车间数字化改建上，如具有宁波特色的注塑机、纺织机械、模具、物流装备、医疗器械等若干个行业，培育以智慧化、数字化为特点的工业4.0版样板企业；从平台角度看，在产业节点上，如传感器供应链平台、无线模组平台、工业物联网软件交易开发平台、工业设计平台、物联网检测平台，培育重大平台龙头企业；从生态建设看，要形成核心的工业物联网生态社区，集生产、生活、生态为一体的产城融合的新兴都市工业区；从空间布局看，既明确核心区及启动区的功能及着力方向，也要明确各个产业空间相互协同、充分发挥资源禀赋效果的重点领域和布局导向；从目标角度上看，明确3~5年后工业物联网为宁波工业经济转型升级所要发挥巨大引擎作用的着力点。

二、统筹发展空间，明确产业发展的物理载体

随着产业园区发展和引入企业数量的不断增加，部分行业物联网的需求在不断积聚能量，部分企业将呈现十分迅速的发展态势，对发展空间尤其是一楼地面的定制厂房需求十分迫切，必须加快明确产业园区后续发展空间的物理载体。对闲置厂区或低产地进行二次开发，势在必行。建议尽快出台市场实体交易税费优惠、评估后土地厂房入股、政府对该片区土地在五

年内产出的税收给予优惠等奖励政策。

对于新建的物联网园区高端智能基地，则建议在土地出让价格上给予优惠；对"带产业项目"挂牌方式出让土地，给予减免配套费用、减免履约保证金和三年税收优惠；在众创空间建设上，给予明确的空间规划和空间扩展的激励政策；允许园区新建和改建园区产业用房，允许先租后售、分层出售；在建立土地利用绩效考核标准和退出机制等管理规范的基础上，允许通过房地产转让方式进行回购和循环利用，形成"宁波制造2025"的重要空间布局。

三、实施产业人才政策，强化人才产业基础

尽快出台"宁波工业物联网人才政策"，让人才政策更给力，更具操作性。融合产业与人才需求，除常规人才引进可给予入学、就医、就业和住房、薪酬津贴、个人所得税减免等优惠政策外，对物联网专项人才的吸引政策还应包括：开设为产业园区发展服务、集产学研为一体的产业实验班，包括本科班研究生班，给予奖学金补贴、实习补贴、课题研究和科研项目补贴；通过各类论坛、竞赛等途径进行人才交流，发挥平台聚才育才的作用；以产业平台建设和产业链上下游订单建设来吸市外企业入驻产业园区，在招才机制上对平台企业和引入企业实施奖励政策，例如通过猎头公司引入优秀人才的猎头补贴，对工业物联网急缺的软件、大数据分析、高端传感器开发、商业模式开创等方面的核心人才，可以给予按照学历提升一个级别的每月生活津贴、住房补贴和每季度一次个人所得税返还等优惠政策。

原则上，对物联网产业人才的激励标准，以人才带来的实际效果和企业实际产出为依据，而不仅仅把税收、产出作为评价依据。鼓励人才做出实际贡献、促进企业发展是人才激励政策的核心内容。

四、制定新经济政策,加大产业创新力度

首先,要制定新经济平台式企业发展激励政策,不以传统制造业的评价标准执行奖励方法,而以平台式企业在发展初期对区域企业实际产生的服务对象、服务效果、销售数量、研发人员比重、研发经费投入占GDP比重为评价依据,重点补贴内容为流量费用补贴、专利尤其是发明专利补贴、自媒体推广费用补贴、研发设备投入补贴、软件退税、接入企业提供云服务等激励政策。

其次,要尽快出台宁波市大数据云计算产业和人工智能经济的发展激励政策。由于工业物联网产业链与人工智能中自然语言合成、视觉计算机图像等视频高频技术有着天然链接,人工智能产业发展将有力推进工业物联网发展,因此上述两大产业的激励政策对宁波物联网产业发展意义十分重大,亟待出台人工智能和云计算在人才培育、产业集群、平台链接、基础研究等方面的地方性政策。

再次,进行市场机制创新,要形成产业主导、政府引导的产业培育机制,让无形之手和有形之手同时发挥作用,形成合力。在产业龙头企业打造平台、在土地二次开发、在产学研协同创新、在重大项目引进、在人才导入和培育等重大方面,都应从政策上激活企业市场主体作用,让市场配置资源的功能充分发挥出来。

五、形成生态链,加速工业物联网生态圈的建设

要加快成立由国字号研究机构、著名大学物联网专业机构、经济智库、全国知名工业物联网公司、市级工业物联网相关联经济部门为支持单位,联合宁波市工业物联网产业实体企业和创新型平台企业、众创空间、大专院校、科研机构,共同组建宁波工业网物联网战略联盟,为工业物联网产业发展、共性技术研究、专业展会、产业实验班、物联网学院建设、多个平台应用、

多条产业链供需对接发挥重要枢纽作用。

要加快成立中国工业物联网经济大会或者举行工业物联网产业论坛,每年举行一次,与智博会同行。把论坛作为招商引才、发展思路研讨、园区建设筹划、产业品牌塑造的大平台,同时也是宁波工业物联网产业的金字招牌。

要加快将园区的各类资源嫁接到媒体宣传渠道中、嫁接到中小企业转型升级的信息通道中,产业园区各个市场主体要运用与政府资源PPP(全称Public-Private-Partnership)模式(公私合营)、政策类的创新券模式、租赁式设备服务类商业模式、辅导机构式的共享合同效益分成制、产业抱团式的垫资改建样板推广模式等运营策略,共同推进工业物联网产业发展。

工业物联网产业目前处于需求导入期和产业成长期,面对新经济、新生态、新技术、新平台,亟待政府给予产业政策扶持,以促进产业智能化、智能产业化、跨界融合化、品牌高端化。政企同心协办,以四新促四化,努力将工业物联园区建设成为"中国制造2025"宁波示范园区。

＊　＊　＊

# 以宁波工业物联网产业园区为例，对工业物联网产业支持政策的再建议

宁波工业物联网产业园区于 2017 年 5 月授牌，落户江北区，产业园一期面积 1.4 万平方米于当年 7 月建成投入使用；二期面积 8 千平方米于 10 月建成投入使用；三期 2 万平方米预计于 2018 年 5 月 1 日完成投入使用；计划 2018 年 5 月开工新建柯力物联网大厦 5 万平方米，于 2019 年底竣工后，至 2020 年共建成 9.2 万平方米的众创空间。

产业园区自 2017 年 7 月至 2018 年初，引进 60 余家企业，形成十纵十横的垂直产业链和平台链，打造 10 个公共平台，至 2018 年底形成上百家物联网企业的产业聚集群。

同时，我们正在筹划建设宁波工业物联网传感器分园、软件云计算分园，同时争取一部分土地作为未来物联网企业成长后的生产制造工业用地。在此基础上，柯力公司乘势而上，将筹划建设 10 万平方米的第二个物联网产业园区。

柯力在招商过程中，严格控制招商质量，控制每平方米税收贡献不少于 800 元、每 30 平方米人员不少于 1 人、研发人员不少于总人员 40% 的项目引进入驻，提升招商入驻项目人气和研发投入。

在产品应用端，迄今为止，在线装备称重物联网设备近万台，并对所有设备进行设备故障、设备现场情况、设备维护等实时数据处理；柯力获批设立的浙江省博士后工作站、新建的院士工作站及部分柯力研发团队着手于大数据、云计算工作；柯力目前有4~5条垂直产业已经落地，包括工业称重物联网、不停车检测系统、港机物联网、建机物联网、起重机械物联网等，力争在工业物联网领域做深做透。

在平台链建设上，与中国工业设计研究院联合组建宁波分院，落户产业园区，柯力持股25%，拟建设"工业设计和制造业融合创业中心""浙江大数据应用开发中心"，助力江北区智能制造先进示范区建设；与宁波中科院信研院、积成能源和其他企业联合组建宁波工业物联网大数据创新中心，面向10个行业、引进10个以上博士领衔，研究工业物联网终端产品和技术，搭建工业物联网公共服务平台，加速宁波工业物联网产业园区建设；与中国计量院或中测院筹建中国物联网检测中心，与市计量院筹建传感器检测中心，申请通过CNAS国际实验室认证和CMA中国计量认证，在取得两大认证后作为第三方检测中心独立运营；与树根网络拟在江北园区设立浙江子公司，把宁波优势产业、智能装备、在线管理和物联网应用平台、试点服务企业聚集起来，形成工业互联网产业集群；经信委洽谈的与中国信通院合作建设的宁波市工业互联网创新中心将分两步走，第一步成立"工业互联网实验室"；第二步成立中国工业物联网创新中心，打造涉及网络安全、网络测试、安全测试、信息服务、业务、人才、智慧城市等功能的服务平台；通过设立浙大软件学院物联网硕士研究生班、武大产业经济研究基金、天津大学人工智能平台、宁波传感器供应链平台等形式，构建园区人才储备和发展体系。

工业物联网尚属初创事业，在发展中也存在诸多问题：

首先，工业物联网企业家和管理者要转变思维模式，不要简单认为物联网是传统装备加上物联网功能延伸为物联网体系，而要从物联网本质性的、顶层性的需求进行设计,根据物联网产业规划和特性来考虑传统制造业走向智能制造,从物联网定义软件、从软件定义硬件、从软件定义服务,对企业组织框架结构进行革命性的改革,回归客户终端需求。

其次,终端市场需求不明确,甚至存在个别伪需求现象。而需求不明确不仅导致技术开发资源浪费,也导致商业模式和盈利模式存在问题。

再次,从企业角度讲,工业物联网强调大数据驱动人工智能,人工智能同时影响工业物联网,技术人员的大数据分析、云计算报告跟实际客户应用现场、实际客户数据部分存在脱节现象,与技术、现场应用场景没有很好融合。

工业物联网不是一蹴而就,需要长期的准备、坚持并为之努力奋斗。政府的政策支持也很重要。在上篇建议的基础上,我们再向政府提出如下三点建议:

柯力物联网大厦

一、对工业物联网发展建议

工业物联网特色产业园已授牌落户江北,后期发展,建议对工业用地厂房分层出售、回购、转让、低产地改造税收和后续激励机制、集体土地人才公寓出售政策等予以考虑。

其次,关于平台建设方面的物联网政策比较碎片化,建议形成物联网核心系统性政策。建议成立宁波市工业物联网平台建设领导小组,由科技局牵头,会同经信委、财政局推进,主要考虑关键共性技术、检测、实验、大数据等平台,以合同方法对传统制造服务对象、次数、科技成果转化、产学研、人才孵化、专利为考核指标,以"中国制造2025"政策为指导,前期提供政府财政性补贴,中后期市场化运营,让宁波优秀企业以市场主体参与运营。

再次,在新经济和人工智能上尽快落实政策、考核方法、考核对象、考核制度,逐步明确新经济定义,实现人工智能、大数据、云计算与传感制造业的关联。

二、对市级层面统筹工作的建议

首先,在招商问题上,招商信息、招商项目渠道没有完全贯通,龙头企业作为平台在宁波招商的不多,招商工作与市区级层面存在信息不对称、不共享。建议市级层面建立统筹协调机制,实现工业物联网信息共享。

其次,打造垂直产业链,加大平台链建设,形成完整细分行业从物联网到 MES 再到 ERP 的一整套企业现代化管理系统。建议每个县区确定1个以上工业物联网核心平台的开放资源、确定垂直产业链资源、公共技术公共检测平台开放式资源,推进工业物联网向前发展,发挥宁波物联网示范作用。建议市经信委根据工业物联网实际产出效果,例如节约产出能耗、质量提升、工艺改进等,进行总体综合评估考量,树立典范;同时加快研究块状经济智能制造进程。

再次,建议工业物联网产业园区纳入宁波现代服务制造基地。

最后是工业物联网人才政策。建议成立物联网人才举荐委员会,建立人才信息库,收集专家、学者信息,并安排一部分走访,以项目带动人才,以人才带动项目。关于人员需求量,建议市经信局对物联网平台、产业园区、龙头企业、中小微企业进行市场调研确定,了解工业物联网发展过程中所需的常规人才和紧缺人才,结合人才库,精准掌握人才需求。

三、对物联网生态建设建议

建议由市政府领导牵头,在宁波举办中国工业物联网发展论坛,主要讨论产业发展、资本投资、人才集聚、产业园发展等问题。

建议市经信委帮助产业园共同推进宁波工业物联网创新创业联盟建设,引入各大平台,主要在共性技术、青年创业、政府政策、平台建设、上下游产业链协同等方面发挥作用。

建议组建宁波工业物联网线上服务平台,让企业了解公共政策、解决方案、案例、供应链等问题,通过在线服务打造应用、信息、政务三服务功能平台。

\* \* \*

▶ 后　记 ▶▶▶

## 柯力的工业物联网战略思想

柯力起步于八个人的小作坊,1995年创业之际年产量2000只传感器,而2018年已具备年产量210万只传感器及30万台仪表的生产能力,产业规模的大数据飞跃见证了柯力由小变大、由大变强的发展历程。当前,柯力的产品已覆盖称重、测力、压力等多种物理量传感器,并配套有衡器、测控、工控等多种仪表体系,多元化产品有机结合联动发展,共同将柯力打造成为衡器、冶金、建筑机械、港口计量、水处理、公路治超等方面的核心元件、系统集成供应商。柯力在构建工业物联网环境、打造工业物联网生态圈方面已奠定了一定的江湖地位。

柯力的工业物联网总体发展思路十分明确:工业物联网作为智能制造的神经中枢和灵魂,其地位举足轻重,其价值显而易见。因此纵有千山万水艰难险阻,我们仍将风雨兼程,去探索一条从传感器出发走向工业物联网的道路,这是全体柯力人的历史使命。

一、不忘初心,砥砺前行

我们一直心怀感恩,助力客户发展,这是柯力物联网战略思想的重要组成部分。柯力为合作伙伴构建提供工业物联网平台,帮助客户搭建适合企业发展的顶层设计,助力客户实现工业信息无缝联接,共同迈入工业云时代。柯力每年会将一部分利润转化为物联网研发再投入和市场发展培育费用，柯力的产品研发要朝着低功耗、无线、动态、多物理量方向前进，同时投入于大数据分析、智慧工业、物流物联网、多物理传感器、设备生命周期、公磅一体机等行业前沿技术研究。投入于构建工业设计、行业物联网大数据分析、第三方检测平台，开展大数据分析和数据价值挖掘之旅。我们每年主导举办工业物联网论坛、物联网研讨会，开展全国性物联网巡回服务宣讲，用实际行动扮演好行业垫脚石角色，助力合作伙伴转型升级，齐头并进提升行业层次。用实际行动证明柯力有能力为客户服务，有能力回报客户。这些都将推动我们的工业物联网战略不断向前。

我们建立客户、业务人员物联网推广重大奖励机制；建立细分市场下物联网收入、成本、赢利模式等；建立应用平台和案例库。引导客户发展物联网，进行大数据分析和价值发现；引导客户发展制造自动化和数字化管理，建立示范和应用榜样，以点带面重点突破；建立物联网应用效果总结和运营难点突破支撑机制，建立对终端市场推广牵引支持及潜移默化的影响力。

二、牢记使命，狼性前行

不进则退，柯力的物联网战略必须前行，不能原地踏步甚至退缩。所以柯力要打造一支"让基层有饥饿感、中层有危机感、高层有使命感"的狼性团队，树立为物联网战略目标奋斗的精神。我们的高管要在使命感驱动下树立于茫茫物联网前夜发出坚强领导力的微光，带领团队走向胜利的坚定信念和行动；中层管理干部要以身作则，在不确定中积极作为，主动付出，克服内心的煎熬和困难，挑战并且跨越成长路上的每一道艰难之坎。我们要适时调整我们的文化和制度流程，引进优秀人才为我所用，并为其提供成长台阶，建设富有潜力的人才梯队。我们要倡议并践行和而不同的沟通机制，坦诚相见，对事不对人，建立对结果负责的冲突预防机制，不断培植适合物联网发展的企业文化土壤。

三、深淘滩，低作堰，负重前行

深淘滩，物联网战略推进需要投入巨大成本，研发投入只增加不减少，物联网市场培育力度只加大不缩小，物联网产品的行业应用、平台开发只深入不停滞。柯力的垂直产业链打造投入侧重于工业设计、大数据、检测平台、传感器供应链平台建设。加大对各物联网子公司的培育：提供子公司全方位支持，使物联网子公司根植于市场又充分运用集团物联网资源。全面建设物联网产业园区：每年争取50家以上企业招商，新增2亿元年产值或年销售收入；建设投资1.5亿元的工业物联网大厦，预计2019年底投入使用，2019年下半年将再投资1.5亿元兴建1万平方米的人才公寓和3万平方米的产业园五期工程，最终形成产业园区两三百家企业集聚区。在资本运营上争取每年控股和新建1~2家物联网子公司，参股1家以上工业物联网产业园企业，争取每年新增几千万元销售额为公司持续增长奠定基础。

低作堰，我们在物联网战略推进过程中节制对利润的贪欲，不因短期目标而牺牲长期目标，自己留存的利润少一些，把更多的收益及时坚定地转化为投入，让客户、员工、供应商、战略合作伙伴、园区企业共享。兼顾眼前利益和长远利益，我们要把有限的资源投入到推进战略发展的关键节点上，通过管理实现合理高效利用资源。我们包容投入失败，鼓励试错，但不能容忍不投入或投入方向错误，更不能容忍宝贵的资源被无端浪费，或因管理不善造成成本消耗。在物联网市场策略上，我们既要科学合理的定价又要建立反哺机制，取之于用户回报于用户，强调差异化用户策略。对待战略合作伙伴：除了提供量积返利、产品定制等优惠政策，还将全方位助力，从顶层设计到后台搭建、从区域保护、产品推广到设备智能化改造，全方位提供支持。我们不仅将全部返回他们缴付的运营费，还将拿出公司其他利润反哺于战略合作伙伴,助力他们协同物联网大数据的价值挖掘。对待其他客户,我们提供技术、产品、管理和供应链平台,提供无人值守、软件和物联网等创新产品,帮助客户提升信息化和智能化水平,提供客户产品保险和大数据分析,延长产品质保期,提高客户使用物联网产品的积极性。通过销售策略差异化使一部分客户上升到战略合作伙伴,淘汰部分客户,让物联网的投入更有效,更长远,更有生命力。

四、妥协包容,务实创新、开放前行

物联网战略是一个生态建设过程,我们已经认识到前行的曲折,我们必须站在市场一线,听取用户真正的心声。物联网是新生事物,战略启航至今多数时候我们并不清楚需求的彼岸在哪里。妥协是物联网战略旗帜下的重要战术之一,我们要谦虚谨慎的听取终端市场的声音,研究终端应用场景发掘终端需求,调整我们的市场和产品策略。研发人员、大数据分析人员要学会从技术和商业机会两方面入手创新,不只考虑硬件而应该硬软结合辅之以优秀 UI 和集成;不只看产品更应从战略构建角度,不只低头埋干还应时常抬头仰望,携手第三方合作伙伴——软件、多物理量传感器供应商、数据库、人工智能等企业形成生态系统合作。其次是以开放的心态,拿出我们的物联网宝贵资源,与设备厂家甚至国际客户合作,共同组建物联网系统。以资本运营,OEM、ODM 甚至内部员工创客化,将各类初创企业纳入合作伙伴体系。物联网时代彻底改变了 20 世纪由一个垂直集成供应链提供端到端解决方案模式,利用纵向产业链上千姿百态企业群联合开发最优化的解决方案,这些方案中模块是开放和可协调操作的。再次是平台链和产业链开放,把工业设计、软件外包、物联网系统培训、检测、机加工、PCB 加工、云工厂、大数据分析等横向平台资料与物联网生态圈中千千万万企业在产业园区等平台上集成一个良好的生态环境,形成一个订单、供应、服务等知识和技能互补、条理清晰的价值平台,最终形成生态系统。最后是既要保持物联网定力、保持平常心,又要明白物联网生态系统非一朝一夕就能完成。清晰的方向是在混沌中产生,因为时间与空间的变化,技术与需求的变化,对物联网产品和商业模式都会随时带来调整和挑战。我们应该保持静如处子,动如脱兔的状态,保持务实创新,敏锐感受需求并且深入挖掘,必须加强迭代开发和商业模式创新,直面物联网时代下新的企业革命。

现在的物联网解决方案并不能满足所有工业应用的发展需求,物联网市场应用潜力巨大。我们选择了物联网战略,就要义无返顾地在 4.0 版工业革命道路上探索前行。持续增加以物联网战略为核心的竞争力是百年柯力孜孜不倦追求的目标。在物联网战略思想指引下,全体柯力人都应坚定完善垂直产业链,坚定推进物联网平台和产业园区培植,坚定培育物联网生态系统土壤,为形成物联网丛林而不懈奋斗。

柯建东

2018 年 5 月